AF433556

www.ingramcontent.com/pod-product-compliance
Lightning Source LLC
Chambersburg PA
CBHW060610120726
48002CB00010B/2908
9798869197603

ספר

עץ חיים

לרבינו

חיים ויטאל ז״ל

שקיבל ממרן האר״י זלה״ה

שער סדר האצילות

שער ג׳ פרק ב׳

דט״ז ע״ד – די״ז ע״ב

תש״פ

SimchatChaim.com

בהוצאת
שמחת חיים

אין לעשות שימוש כל שהוא בחומר שבחלק זה לצורך מסחרי, אלא רק ללמוד וללמד.
להסיג ספר זה או ספרים אחרים ולאינפורמציה book@simchatchaim.com

Copyright © All Rights reserved to simchatchaim.com

כל הזכויות שמורות למחבר ©אח"י

מהדורה ראשונה תש"פ 2020

בס"ד

הקדמה

ירפא **ה**מאציל **ו**יושיע **ה**בורא את כל חולי בני ישראל, וישלח להם רפואה שלימה, רפואת הנפש ורפואת הגוף, בכל אבריהם ובכל גידיהם לעבודתו יתברך.

בי"ב במנחם אב תשס"ה, הובהלתי לבית החולים, הרופאים לא נתנו לי סיכוי לחיות יותר מכמה שעות בגלל מספר תסבוכות. עם כל זאת בזכות התפילות של בני ישראל הקדושים, ברחמיו הרבים, ריחם עלי הקדוש ברוך הוא, ונשארתי בחיים.

עם כל זאת, הובחנה אצלי מחלה קשה בכליות, ונאמר לי שהצטרך למכונת דיאליזה. בשבילי זה היה שוק!!! אף פעם לא הייתי אצל רופא, או בבית חולים. כך בעל כרחי התחברתי למכונת דיאליזה, ומכונה זאת הייתה[1] קשורה בי ככלב במשך שמונים חודשים בדיוק, כמניין **יסוד**, במשך 10-12 שעות ביום.

בשבת פרשת **ויחי יעקב** י"ב טבת תשע"ב, בזכות בני ישראל, שכולם אהובים כולם ברורים כולם גיבורים כולם קדושים... וכולם פותחים את פיהם באהבה שלוש פעמים ביום, ואומרים - **ברוך אתה... רופא חולי עמו ישראל**, וכללותם כל האברכים, תלמידי הישיבות, רבנים וחכמים, חסידים, מקובלים עם תינוקות של בית רבן, זקנים עם נערים, בחורים וגם בתולות, בארץ הקודש ובעולם. ומצד שני בנות ישראל היקרות מפז, שהתפללו וקבלו עליהם כל מיני קבלות, מהפרשת חלה עד צניעות וכיסוי הראש, עם הרבנים, המנהלים, המורים, המורות **והתלמידות של בית יעקב דטורונטו** שכל יום התפללו, וכללו בתפילתם שבקעה את כל הרקיעים אותי, ונושעתי אני הקטן. הושתלה בי כליה. והתנתקתי ממכונת הדיאליזה.

אמר המלך דוד - לולי[2] תורתך שעשעי אז אבדתי בעניי. מה שנתן לי חיות היא התורה הקדושה, בשעות הרבות שהיתי מחובר למכונת הדיאליזה (כ12 שעות ביום), ערכתי סדרתי וכתבתי במחשב את קונטרסים שלמדתי במשך שנים. וקונטרסים אלו הפכו לחיבור, ואחרי התלבטויות ובקשות מבני גילי, החלטתי בעזרתו יתברך להדפיס קונטרסים אלו.

ידוע הוא כי כל דברי האר"י זלל"ה ותלמידו נאמן ביתו, רבינו חיים ויטאל הם סתומים וחתומים באלפי שרשראות ומנעולים, והרב ז"ל גִּלָּה טפח וכיסה אלפים אמה, וכלל דבריהם הוא משלים, עם כל זאת העוסק במשל פועל בעלמות העליונים בנמשל. לכן צריך זהירות גדולה לא להגשים את המשלים, בסוד המבואר בספר הזוהר הקדוש - **ועלייהו אתמר** ועליהם נאמר - **ארור האיש אשר יעשה פסל ומסכה וגומר, ושם בסתר, מאי בסתר** מהו בסתר - **בסתרו דעלמא** בסתר העולם. **ובגין דא אמר קודשא בריך הוא לא תעשון אתי** ומפני זה אמר הקדוש ברוך הוא לא תעשון אתי **אלה"י כסף ואלה"י זהב, והכי אוקמוה חבריא לא תעשון אתי כדמות שמשי שמשמשין אותי** וכך העמידוהו החברים לא תעשון אתי כדמות שמשי שמשמשים אותי **במרום, לציירא בסתר דילי שום ציור או דמיון** לצייר בסתר שלי שום ציור או דמיון, **דכל מאן דצייר לעיל לקודשא בריך הוא** שכל מי שמצייר למעלה לקדוש ברוך הוא, **בסתר (דאיהי שכינתיה, כלילא מעשר**

---

1 **גמרא סוטה ד"ג ע"ב** – רבי אלעזר אומר, **קשורה בו ככלב**, שנאמר - ולא שמע אליה לשכב אצלה להיות. עמה לשכב אצלה בעולם הזה. להיות עמה לעולם הבא.

2 **תהלים קי"ט צ"ב**

ספיראן שהיא שכינתו, כלולה מעשר ספירות)**, שום ציור, וצלם, ודמות, כגוונא דמצייריין בשמשין דיליה** שמציירים בשמשים שלו, **נשמתיה אתלבשא בההוא צלמא** נשמתו מתלבשת באותו צלם....
וכן הוא בסוף ענף ד' דשער א' בספר עץ חיים שער ההקדמות, וז"ל הטהור - ואמנם דבר גלוי הוא כי אין למעלה גוף ולא כח גוף חלילה. וכל הדמיונות והציורים אלו לא מפני שהם כך חס ושלום. אמנם **לשכך את האוזן** לכשיוכל האדם להבין הדברים העליונים, הרוחניים, בלתי נתפסים, ונרשמים בשכל האנושי. לכן ניתן רשות לדבר בבחינת ציורים ודמיוניים, כאשר הוא פשוט בכל ספרי הזוהר. וגם בפסוקי התורה עצמה כולם כאחד עונים ואומרים בדבר הזה, כמו שאמר הכתוב עיני הוי"ה המה משוטטים בכל הארץ. עיני הוי"ה אל צדיקים. וישמע הוי"ה. וירח הוי"ה. וידבר הוי"ה. וכאלה רבות. וגדולה מכולם מה שאמר הכתוב - ויברא אלהי"ם את האדם בצלמו בצלם אלהי"ם ברא אותו זכר ונקבה וגו'. **ואם התורה עצמה דברה כך** גם אנחנו נוכל לדבר כלשון הזה, עם היות שפשוט הוא שאין שם למעלה אלא אורות דקים בתכלית הרוחניות, בלתי נתפשים שם כלל, וכמו שאמר הכתוב - כי לא ראיתם כל תמונה, וכאלה רבות. ואמנם יש עוד דרך אחרת כדי להמשיך ולצייר בה הדברים העליונים, והם בחינת כתיבת צורת אותיות, כי כל אות ואות מורה על אור פרטי עליון, וגם תמונת זו דבר פשוט הוא כי אין למעלה לא אות ולא נקודה, **וגם זה דרך משל וציור לשכך את האוזן** כנזכר.....
ולכן כל המבואר כאן בחיבור זה הוא כדי **לשכך את האוזן**. והתרשימים שבסוף החיבור הם כדי **לשבר את העין**, לכן אין שום ביאור והסבר שלם, ואין שום תרשים שלם בתכלית השלמות.
ידוע כי[3] דברי תורה עניים במקומן ועשירים במקום אחר, **ועל אחת כמה וכמה** בדברי הרב ז"ל, שכל סוגיה חסרה[4] במקומה, וחלקיה מפוזרים במקומות אחרים. **זאת ועוד** הרב ז"ל מערבב בדרוש אחד כמה וכמה סוגיות, כאשר בפשטות דבריו נראה שכל הדרוש הוא דרוש אחד, ולא מחולק לסוגיות שונות, ושמועות שונות, **ביאור** דברי הרב ז"ל כאן הם **בעומק, והוא בעצם ליקוט** עד איפה שידי הקצרה הגיעה, מכל חלקי ספר עץ חיים, ושמונה השערים המצוינים לרב ז"ל, מבוא שערים ושאר ספרי הרב ז"ל, והוא גם על פי הקדמת רחובות הנהר למרן הרש"ש, דרושי פנימיות וחיצוניות, דרוש הדעת, סוגיות ערכין, סוגיות דכללות והתכללות, פרטות וכללות, וסוגיות עובי ואורך, ועל פי ביאור גדולי רבותינו חכמי המקובלים לדורותם זלה"ה זי"ע.

ידוע כי[5] אין בר בלי תבן, כך אין ספר בלי טעויות, ועוד יודע אני כי דל ועני אני, **ואין[6] עני אלא בדעה**. לכן מבקש אני בכל לשון של בקשה אם יש לכל אחד שאלות, הערות, הארות, תיקונים, נא לשלוח ל -
book@simchatchaim.com והשתדל לענות, ולתקן את הצריך תיקון.

בברכה והצלחה בלימוד התורה הקדושה

ובעיקר בפנימיות התורה, תורת האר"י הח"י.

ורפואה שלימה לכל חולי ישראל.

אח"י

---

3 **גמרא ירושלמי, ראש השנה פ"ג הלכה ה' די"ז ע"א** – דברי תורה עניים במקומן, ועשירים במקום אחר.

4 **תורת חכם דע"ב ע"ב** – חסר לשון הוא, כמו שיראה המעיין.

5 **גמרא ברכות נ"ה א'** - מה לתבן את הבר נאם ה', וכי מה ענין בר ותבן אצל חלום, אלא אמר ר' יוחנן משום ר' שמעון בן יוחאי ,כשם שאי אפשר לבר בלא תבן, כך אי אפשר לחלום בלא דברים בטלים.

6 **גמרא נדרים מ"א ע"א** – אין עני אלא בדעה .

<u>ב"ה</u>

הקדמה קצרה לחיוב לימוד תורת הקבלה

ישמחו השמים ותגל הארץ ירעם הים ומלאו. שזכינו בדור שלנו שפנימיות התורה, שהיא היא תורת הקבלה, מתפשטת לכל, וכל מקום בעולם היום לומדים בתורת הח"ן. הדור שלנו יש הרבה התעוררות ללמוד סתרי התורה הקדושה, הנקראת חכמת הקבלה. בירושלים של המאה ה18 בישיבת **בית אל** היו בקושי מנין של מקובלים, והיום תורת הקבלה מופצת בכל מקום בארץ ובעולם. לעניות דעתי אחת הסיבות העיקריות לשינוי זה הוא רצונם של בני התורה, החוזרים בתשובה ועמך לדעת את סוד החיים, למה ברא הקדוש ברוך הוא את העולם, ואת טעמי המצות, ר"ל אי אפשר היום בדור שלנו, להסביר על פי הפשט את הסיבה מדוע אסור לאכול בשר וחלב, מדוע צריך להניח תפילין, למה לשמור דווקא שבת ולא יום שלישי, אי אפשר להגיד כל הזמן **זאת גזרת הכתוב, כך רוצה הקדוש ברוך הוא**, האנשים מחפשים הסברים למצות, לסיפורי התנ"ך, לגלגולי נשמות, ועוד. ורק על ידי עסק בפנימיות התורה, אדם מסיג את ההסברים לקושיות שיש לו. **זאת ועוד** חיים אנחנו בדור של חומריות, והאנשים מחפשים את רוחניות שבחיים, אז מה עושים, נוסעים למזרח, להודו, סין, תאילנד למצוא רוחניות, ולא יודעים **ששורש כל הרוחניות בעולם נמצאת בתורה הקדושה**, עם כל זאת כאשר הלומד את פשט התורה, **הוא לא מכיר** את הקדוש ברוך הוא, והוא בלי יראת שמים ושמחה אמתית. כותב הרב המקובל האלוה"י רבינו יהודה פתייה בפרושו הנפלא על עץ חיים - כי לימוד עץ חיים הוא עמוק מאד מאד, כי הוא **מים שאין להם סוף**, והוא קשה מאד גם לחכמים ההוגים בו תמיד, וכל שכן למתחילים. כי הוא חזק מצור, וקשה מברזל, שאי אפשר לחצוב ממנו מאומה, אם לא על ידי כלי מחצב חזקים כציפורן שמיר. וכל המתחיל בלימוד עץ חיים, אם לא יהיה לו רב, או לפחות איזה מפרש המפרש לו כוונת הפרק ההוא לפי פשוטו, נבול יבול, ואינו יכול לעמוד על הפרק כי אם לאחר יגיעה רבה, ושקידה עצומה, וכולי האי ואולי. כי הרבה פעמים יסבור המעיין שהבין הענין ההוא כראוי, ואחר שילמוד עוד איזה פרקים אחרים, ירגיש כעצמו שלא הבין את פרקים הקודמים, והניסיון יעיד על זה, עד כאן דברי קודשו. עם כל זאת חייב כל אדם לעסוק בתורת החיים.

צדיק אתה הוי"ה וישר משפטיך. כתב הרב רבינו חיים ויטאל ז"ל בהקדמה לשער ההקדמות - והנה מה שכתב בתחילת דבריו, ואפילו כל אינון דמשתדלי באורייתא כל חסד דעבדי לגרמייהו וכו', עם היות שפשטו מבואר ובפרט בזמנינו זה, בעונותינו היום אשר התורה נעשית קרדום לחתוך בה אצל קצת בעלי תורה, אשר עסקם בתורה על מנת לקבל פרס, והספקות יתירות, וגם להיותם מכלל ראשי ישיבות, ודיני סנהדראות, להיות שמם וריחם נודף בכל הארץ, **ודומים במעשיהם לאנשי דור הפלגה הבונים מגדל וראשו בשמים**, ועיקר סיבת מעשיהם היא מה שאמר אחר כך הכתוב - **ונעשה לנו שם**... והנה על הכת הזאת אמרו בגמרא כל העוסק בתורה שלא לשמה, נוח לו שנהפכה שלייתו על פניו, ולא יצא לאויר העולם. ואמנם האנשים האלה מראים תימה וענוה באמרם כי כל עסקם בתורה הוא לשמה. והנה החכם הגדול התנא רבי מאיר ע"ה העיד עליהם שלא כך הוא, באומרו לשון כללות - כל העוסק בתורה לשמה זוכה לדברי הרבה וכו', **ומגלים לו רזי תורה, ונעשה כנהר שאינו פוסק**, והולך

וכמעיין המתגבר מאליו, בלתי הצטרכו לטרוח ולעיין בה, ולהוציא טיפין טיפין של מימי התורה מן הסלע, הנה זה יורה שאינו עוסק בתורה לשמה כהלכתה, ומי זה האיש אשר לא יזלו עיניו דמעות בראותו המשנה הזאת, **ורואה חסרונו ופחיתותו**, עד כאן לשונו. לכן כל אחד צריך לטעום מעץ החיים.

חצות לילה אקום להודות לך על משפטי צדקך. כתב רבינו אליהו מני זצ"ל רבו של הרי"ח הטוב, בספרו הקדוש כסא אליהו שער ד' וז"ל - ואם זיכך הוי"ה ללמוד בחכמת האמת, הנה עצה היעוצה היא שכל סדר הלימוד בנגלה תתנהג בו ביום דווקא. **אבל בלילה תלמוד בחכמת האמת, והעיקר הלימוד אחר חצות**, כי זה הלימוד צריך ישוב דעת הרבה, וכשיקוץ האדם אז דעתו מיושבת עליו יותר. גם גה הלימוד צריך הסתר והצנע, **וכל דבר שיהיה בלילה ובפרט אחר חצות יהיה נסתר יותר מן היום**. ותעשה ועד עם החברים בבית המדרש אם הוא צנוע, **או בביתך ותלמדו בכל לילה**, עד כאן לשונו. וישב ללמוד האדם בלילה תחת עץ החיים.

קראתי בכל לב ענני הוי"ה חקיך אצרה. בהקדמה[7] לשער ההקדמות מבאר הרב ז"ל - ואמנם אל יאמר אדם אלכה לי ואעסוק בחכמת הקבלה, מקודם שיעסוק בתורה במשנה ובתלמוד, כי כבר אמרו רבינו ז"ל - אל יכנס אדם לפרדס **אלא אם כן מלא כריסו בבשר ויין**, והרי זה דומה לנשמה בלתי גוף, שאין לה שכר ומעשה וחשבון, עד היותה מתקשרת בתוך הגוף, בהיותו שלם מתוקן במצות התורה בתרי"ג מצות. **וכן בהפך** בהיותו עוסק בחכמת המשנה והתלמוד בבלי, ולא ייתן חלק גם אל סודות התורה וסתריה, כי **הרי זה דומה לגוף היושב בחושך**, בלתי נשמת אדם נר הוי"ה המאירה בתוכה, **באופן שהגוף יבש בלתי שואף ממקור חיים**, אשר זהו ענין אומרו במקום אחר ההוא הנזכר לעיל וז"ל - דאילין אינון דעבדי לאורייתא יבשה, ולא בעאן לאשתדלא בחכמת הקבלה וכו'. באופן כי התלמידי חכמים העוסקים בתורה לשמה, ולא לשמו, לעשות לו שם. צריך שיעסוק בתחילה בחכמת המקרא, והמשנה, והתלמוד, כפי מה שיוכל שכלו לסבול. ואחר כך יעסוק לדעת את קונו בחכמת האמת, וכמו שציוה דוד המלך ע"ה את שלמה בנו - דע את אלה"י אביך ועבדהו. ואם האיש הזה יהיה כבד וקשה בענין העיון בתלמוד, מוטב לו שיניח את ידו ממנו, אחר שבחן מזלו בחכמה זאת, ויעסוק בחכמת האמת. וזה שמבואר כל תלמיד חכם שאינו רואה סימן יפה בתלמוד בחמשה שנים, שוב אינו רואה, עד כאן דברי קודשו. ומזה כל אחד ואחד חייב להדבק במקור החיים.

חסדך הוי"ה מלאה הארץ חקיך למדני. בשער הגלגולים, בקדמה ט"ז כתב הרב ז"ל - עוד צריך שתדע, כי האדם צריך לקיים כל התרי"ג מצות, במעשה, ובדבור, ובמחשבה. וכמו שאמרו ז"ל על פסוק - זאת התורה לעולה ולמנחה וכו', כל העוסק בפרשת עולה, כאלו הקריב עולה וכו'. וכוונו בזה שהאדם מחוייב לקיים כל התרי"ג מצות בדבור, וכן על דרך זה במחשבה. ואם לא קיים כל התרי"ג בשלשה בחינות הנזכרות, מחוייב להתגלגל עד שישלים אותם. **עוד דע**, כי האדם מחויב לעסוק בתורה בארבעה מדרגות, **שסימנם פרד"ס**, והם, פשט, רמז, דרוש, סוד וצריך שיתגלגל עד שישלים אותם. ובהקדמה י"ז כותב הרב ז"ל, וז"ל - שהאדם **מחוייב לעסוק בתורה בארבעה מדרגות שבה**, והיא זאת, דע, כי כללות כל הנשמות

---

7 ע"ח ד"א ע"ד.

הם ששים רבוא ולא יותר. והנה התורה היא שרש נשמות ישראל, כי ממנה חוצבו, ובה נשרשו. ולכן יש בתורה ששים רבוא פירושים, וכלם כפי הפשט. וששים רבוא ברמז. וששים רבוא בדרש. **וששים רבוא בסוד**. ונמצא, כי מכל פירוש מן הששים רבוא פרושים, ממנו נתהווה נשמה אחת של ישראל, ולעתיד לבא כל אחד ואחד מישראל, ישיג לדעת כל התורה כפי אותו הפירוש המכוון עם שרש נשמתו, אשר על ידי הפרוש ההוא נברא ונתהווה כנזכר. וכן בגן עדן אחר פטירת האדם, ישיג כל זה. וכן בכל לילה כאשר האדם ישן, ומפקיד נשמתו ויוצאה ועולה למעלה, הנה מי שזוכה לעלות למעלה, מלמדים לו שם אותו הפירוש, שבו תלוי שרש נשמתו. ואמנם הכל כפי מעשיו ביום ההוא, כך באותה הלילה ילמדוהו, פסוק אחד, או פרשה פלונית, כי אז מאיר בו יותר פסוק ההוא משאר הימים. ובלילה האחרת יאיר בנשמתו פסוק אחר, כפי מעשיו של אותו היום, וכולם על דרך הפירוש ההוא אשר תלויה בו שרש נשמתו כנזכר, עד כאן דברי קודשו. ור"ל שכל יהודי ויהודי חייב להשיג את שורש נשמתו, וללמוד את סוד החיים.

יבאוני רחמיך ואחיה כי תורתך שעשעי. מבואר במדרש משלי - אמר רבי ישמעאל, בוא וראה כמה קשה יום הדין שעתיד הקדוש ברוך הוא לדון את כל העולם כולו בעמק יהושפט. בזמן שתלמידי חכמים באים לפניו, אומר לכל אחד מהם - כלום עסקת בתורה, אמר לו הן, אומר לו הקדוש ברוך הוא הואיל והודית, אמור לפני מה שקרית, ומה ששנית בישיבה, ומה ששמעת בישיבה. מכאן אמרו - כל מה שקרא אדם יהא תפוש בידו, ומה ששנה כמו כן, שלא תשיגהו בושה ליום הדין. מכאן היה רבי ישמעאל אומר - אוי הלה לאותה בושה, אוי לה לאותה כלימה, ועל זה ביקש דוד מלך ישראל בתפילה ובתחנונים לפני המקום ואמר - הוי"ה בוקר תשמע קולי בוקר אערך לך ואצפה. בא לפניו מי שיש בידו מקרא ואין בידו משנה, הקדוש ברוך הוא הופך את פניו ממנו, ושרי גיהנם מתגברים בו כזאבי ערב, ונוטלין אותו ומשליכין אותו לתוכה. בא לפניו מי שיש בידו שני סדרים או שלושה, אז הקדוש ברוך הוא אומר לו - בני, כל ההלכות למה לא שנית אותם, ואם אומר הקדוש ברוך הוא הניחוהו, מוטב, ואם לאו עושין לו כמידת הראשון. בא לפניו מי שיש בידו הלכות, הקדוש ברוך הוא אומר לו - בני, תורת כהנים למה לא שנית, שיש בה טומאה וטהרה, וטומאת שרצים וטהרת שרצים, טומאת נגעים וטהרת נגעים, טומאת נתקים ובתים וטהרת נתקים ובתים, טומאת זבים ולידה וטהרת זבים ולידה, טומאת מצורע וטהרתו, סדר ווידוי יום הכיפורים, וגזירות שוות, ודיני ערכים, וכל דין שדנו ישראל לא דנו אלא מתוכו. בא לפניו מי שיש בידו תורת כהנים, אומר לו הקדוש ברוך הוא - בני, חמישה חומשי תורה למה לא שנית, שיש בהם קריאת שמע, ותפילין, ומזוזה. בא לפניו מי שיש בידו חמישה חומשי תורה, אומר לו - בני, למה לא למדת הגדה, ולא שנית, שבשעה שחכם יושב ודורש, אני מוחל ומכפר עוונותיהם של ישראל, ולא עוד אלא בשעה שעונין אמן יהא שמיה רבה מברך, אפילו נחתם גזר דינם אני מוחל ומכפר להם עוונותיהם. בא לפניו מי שיש בידו הגדה, אומר לו הקדוש ברוך הוא - בני, תלמוד למה לא שנית, שנאמר - כל הנחלים הולכים אל הים והים איננו מלא, זה התלמוד, שיש בו חכמות הרבה. בא מי שיש בידו תלמוד, הקדוש ברוך הוא אומר לו - בני, הואיל ונתעסקת בתלמוד, **צפית במרכבה, צפית בגאוה**, שאין הנייה בעולמי, אלא בשעה שתלמידי חכמים יושבים ועוסקים בתורה, מציצין ומביטין ורואין והוגין המון התלמוד הזה - **כסא כבודי היאך הוא עומד. רגל הראשונה במה היא משמשת, שנייה במה היא משמשת, שלישית במה היא משמשת, רביעית במה היא משמשת, חשמל היאך הוא עומד**, ובכמה פנים הוא מתהפך בשעה

אחת, לאי זה רוח הוא משמש, הברק היאך הוא עומד, כמה פנים של זוהר נראין בין כתפיו, לאיזה רוח משמש, כרוב היאך הוא עומד, לאי זה רוח הוא משמש. גדולה מכולם עיון כיסא הכבוד, היאך הוא עומד, עגול הוא כמין מלבן, ומתוקן הוא, כמה גשרים יש בו, כמה הפסק בין גשר לגשר, וכשאני עובר באיזה גשר אני עובר, ובאי זה גשר האופנים עוברים, ובאיזה גשר הגלגלים עוברים. גדולה מכולם מצפורני ועד קודקודי, היאך אני עומד, כמה שיעור בפיסת ידי, וכמה שיעור אצבעות רגלי. גדולה מכולם כיסא כבודי, היאך הוא עומד, לאיזה רוח הוא משמש, באחד בשבת לאיזה רוח הוא משמש, בשני בשבת לאיזה רוח הוא משמש, בשלישי בשבת לאיזה רוח הוא משמש, ברביעי בשבת, בחמישי בשבת, בשישי בשבת לאיזה רוח משמשין, וכי לא זהו הדרי, זהו גדולתי, זהו הדר יופי, שבניי מכירין את כבודי במידה הזאת. ועליו אמר דוד - מה רבו מעשיך הוי"ה, כולם בחכמה עשית, מלאה הארץ קניינך. עד כאן לשון המדרש. ממדרש זה לומדים על חובת כל אחד ואחד מישראל את לימוד כל חלקי הפרד"ס, ובעיקר את בחינת הסוד שבתורה, הנקרא[8] מעשה מרכבה, ובמעשה בראשית. ומבאר הרב בית לחם יהודה על השינוי שיש בפסוקים במעמד הר סיני, בפסוק אחד כתוב - ויחן שם **ישראל** תחת ההר. ומספר פסוקים יותר מאוחר כתוב וירא **העם** וינועו מרחק. וידוע כי כאשר כתוב בתורה **ישראל**, מדובר **בבני ישראל**, וכאשר כתוב **העם**, מדובר על **הערב רב**. וז"ל הרב בית לחם יהודה - ובזוהר בהעלותך דף קנ"ב ע"א קרי להעוסקים בחכמת האמת, אינון דהוי קיימי בטורא דסיני. וז"ל - חכימין עבדי דמלכא עלאה אינון דקיימו בטורא דסיני, לא מסתכלי אלא בנשמתא, דאיהי עיקרא דכלא אורייתא ממש וכו'. ונראה בעיני אם מותר, משמע אותן שאינן יודעים סודות התורה לא עמדו על הר סיני, עד כאן לשונו. ונראה לי בביאור כוונתו כי בתחלה כשיצאו ישראל לקראת האלהי"ם, היו מתייצבים בתחתית ההר, ואחר כך נאמר וירא העם וינועו ויעמדו מרחוק, כי היו יראים פן תאכלם האש הגדולה הזאת וימיתו. והיה מקצת מהעם שהיו ששים ושמחים לקראת השכינה, ולא רצו לזוז ממקומם הראשון, ולעמוד מרחוק, אפילו אם ימיתו ממש. ועליהם הוא מה שכתב בזוהר הנזכר - אינין דקיימו בטורא דסיני, כלומר ולא נעו ועמדו מרחוק, אלא עמדו בטורא דסיני מתחלה ועד סוף, ולכן הם זוכים לחכמת האמת. ואותם הנשמות אשר נעו עם העם ועמדו מרחוק, כן הם עושים גם עתה, שנסים ועומדים מרחוק לחכמת האמת מיראתם, פן תאכלם האש הגדולה הזאת. ולכן על כל אחד ואחד מבני ישראל הקדושים מחויב לעמוד תחת עץ החיים.

יראיך יראוני וישמחו כי לדברך יחלתי. בספר הזוהר הקדוש מבואר מדוע התפילות של בני ישראל לא נענות, וז"ל תיקוני הזוהר תיקון מ"ג - **בראשית תמן את"ר יב"ש** במלת בראשית יש אותיות את"ר יב"ש, **ודא איהו ונהר יחרב ויבש** היסוד הנקרא נהר יחרב ויבש ממי השפע, ואין לו מה להשפיע למלכות, **בההוא זמנא דאיהו יבש** באותו הזמן שהיסוד הוא יבש, **ואיהי יבשה** המלכות הנקראת יבשה, היא יבשה כי לא מקבלת שפע מהיסוד, אז כאשר **צווחין בנין לתתא** מתפללים וצועקים בני ישראל, **ביחודא ואמרין** וביחוד שאומרים בני ישראל **שמע ישראל** שיבא ז"א הנקרא ישראל להתיחד עם נוקבא בשעת התפילה דעמידה, עם כל זאת **ואין קול** של התפילה או הקריאת שמע שעוזרים לזיווג דזו"ן **ואין עונה** ואין מי שיענה וימלא את הבקשות בתפילתם. **הדא הוא דכתיב** וזהו שכתוב - **אז בני ישראל יקראונני**

8

גמרא חגיגה די"א ע"ב

בני ישראל בעת צרתם בקריאת שמע ובתפילה, **ולא אענה** ואני לא אענה אותם בתפלתם, מפני שלא לומדים ומתעסקים בפנימיות התורה. **והכי מאן דגרים דאסתלק** וכל מי שגורם הסלקות פנימיות תורת **הקבלה וחכמתא מאורייתא דבעל פה ומאורייתא דבכתב** מהתורה שבעל פה והתורה שבכתב, **וגרים דלא ישתדלון בהון** וגורמים גם לאחרים שלא יתעסקו וילמדו את חכמת הקבלה, **ואמרין דלא אית אלא פשט באורייתא ובתלמודא** ואומרים שאין בתורה ובתלמוד אלא פשט התורה, בלי פנימיות הסוד, **בודאי כאלו הוא יסלק נביעו מההוא נהר** בודאי נחשב לו כאילו הוא מסתלק את נביעת שפע החכמה והבינה מן היסוד, **ומההוא גן** ומן הנוקבא הנקראת גן, **ווי ליה** לאותו יהודי **טב ליה דלא אתברי בעלמא** טוב לו שלא היה נברא, **ולא יוליף ההיא אורייתא דבכתב ואורייתא דבעל פה** ולא היה לומד תורה שבכתב ותורה שבעל פה, כי דינו כעם הארץ שלא למד כלל, ועוד **דאתחשב ליה כאלו אחזר עלמא לתהו ובהו** שנחשב לו כאילו החזיר את העולם לתהו ובהו, ר"ל לסוד שבירת הכלים לפי שמגביר הקליפות כאשר הנהר והגן יבשים, **וגרים עניותא בעלמא ואורך גלותא** וגורם עניות בעולם ומאריך את הגלות השכינה וביאת המשיח. עד כאן דברי הזוהר הקדוש. וכותב רב חיים ויטאל זלה"ה בהקדמה וז"ל - אמנם שעשועות של הקדוש ברוך הוא בתורה, והיותו בורא בה את העולמו, היתה בהיותו עוסק בתורה בבחינת הנשמה הפנימית שבה, הנקרא - רזי תורה, הנקרא מעשה מרכבה, **היא חכמת הקבלה** כנודע אל היודעים, וטעם הדבר הוא להיותו עולם האצילות העליון מאד, טוב ולא רע, דלא יכיל להתערבא עמיה קליפה, ועליה אתמר - וכבודי לאחר לא אתן, כנזכר בספר התיקונין דף ס"ו תיקון י"ח, וכן בספר הזוהר בפרשת בראשית דף כ"ח ע"א עיין שם. ולכן גם התורה אשר שם [**אח"י** - בעולם האצילות] איננה רק מופשטת מכל לבושי הגופנים, מה שאין כן למטה בעולם היצירה, עולם דמטטרו"ן, הנקרא עבד טוב, והוא הנקרא עץ הדעת טוב מסטרא, ומסטרא דסמא"ל שהוא קליפין דיליה, **נקרא עבד רע**, כי התורה אשר שם, הם שית סדרי משנה **הנקראים שפחה** כנזכר לעיל, וכנזכר בפרשת בראשית שם דף כ"ז ע"א. ולכן נקראת משנה, לפי ששם יש שינויים הפוכים **טוב מסטרא דעבד טוב**, היתר, כשר, טהור. **רע מסטרא דעבד רע**, איסור, טמא, פסול. גם הוא מלשון כי מרדכי היהודי משנה למלך, שהיה שפחה הנקרא עבד מלך, מלך גם נקרא מלשון שינה, כנזכר בפרשת פינחס דף רמ"ד ע"ב - קם זמנא תנינא ואמר, מארי מתניתין נשמתין ורוחין ונפשין דילכון אתערו כען ואעברו שינתא מניכון דאיהו, ודאי משנה אורח פשט, דהאי עלמא ואנא לא אתערנא בכו, אלא ברזין עילאין דעלמא דאתי דאתון בהון, לא ינום ולא ישן. וזה יובן במה שמבואר יותר למעלה שם - **ורבנן דמתניתין ואמוראי, כל תלמודא דלהון על רזין דאורייתא סדרו ליה.** ונמצא כי המשנה והש"ס הם הנקרא גופי תורה. והנה דבריהם כחלום בלי פתרון, **ורזיה וסתריה הפנימים הנקרא נשמת התורה, הם הם פתרון החלום הנפתר בהקיץ**, בסוד - אני ישנה ולבי ער, וכמו[9] שאמרו חכמים ז"ל - **במחשכים הושיבני כמתי עולם, זה תלמוד בבלי**, אשר איננו מאיר אלא על ידי ספר הזוהר, **הם הם רזי תורה וסתריה** אשר עליהם נאמר - ותורה אור. ואין ספק כי כמו שהיצר נקראת עבד ושפחה בערך האצילות, ונקרא קליפין ולבושין דחול, כנזכר בהקדמת ספר התיקונין ד"ג ע"ב וז"ל - וביומי דחול לביש עשר כתות דמלאכיא דמשמשי לעשר ספירות דבריאה. ואם כן אין לתמוה כי התורה אשר שם שהיא המשנה, תהיה נקרא שפחה וקליפין דתורה דאצילות, וזה סוד כל הבשר חציר הנזכר

---

[9] סנהדרין דכ"ד ע"א.

לעיל במאמר הראשון, כי כמו שהחטה שהיא בגימטריא כמנין כ"ב אותיות התורה, הגנוזה תוך כמה קליפין ולבושין שהם הסובין והמורסן והתבן והקש והעשב, הנקרא חציר, כן המשנה אצל סודות התורה נקרא חציר, וזה נרמז בספר הזוהר פרשת כי תצא ברעיא מהמנא דף רע"ה ע"ב - **אצל רבנן ווי לאינון דאכלין תבן דאורייתא, ולא ידעי בסתרי אורייתא, אלא קלין וחמורין דאורייתא, קלין אינון תבן דאורייתא, וחמורין אינון חטה דאורייתא, ח"ט ה' אלנא דטוב ורע וכו'.** ואלו באתי להרחיב דרוש זה לא יספיקו מאה קונטרסין בלי ספק בלי שום גוזמא, האמנם החכם עיניו בראשו כי דברי אמת אני אומר, ואל יתמה האדם בראותו ספר הזוהר איך קורא אל המשנה שפחה וקליפין, כי עסק המשנה כפי פשטיה, **אין ספק שהם לבושין וקליפין חיצונים בתכלית אצל סודות התורה הנגנזים**, ונרמזים בפנימיותה כי כל פשטיה הם בעלם הזה בדברים חומרים תחתונים..... על כן על כל בני ישראל לאכול מעץ החיים.

מה אהבתי תורתך כל היום היא שיחתי. ומבאר הרב ז"ל בהקדמה לשער המצות, כי עסק לימוד פנימיות התורה הוא חלק בלתי נפרד מתלמוד תורה, וז"ל - גם בענין עסק התורה שהיא אחת מרמ"ח מצות עשה, אם לא השלים אותה, **שהוא ענין עסקו בפרד"ס התורה**, שהוא ראשי תיבות **פשט רמז דרש סוד**, בכל בחינה מהם כפי אשר יוכל להסיג, **עד מקום שידו מגעת**, לטרוח ולעשות לו רב שילמדנו. ואם לא עשה כן, הרי חסר מצוה אחת של תלמוד תורה, שהיא גדולה ושקולה ככל המצות, וצריך **להתגלגל** עד שיטרח הארבעה בחינות של פרד"ס כנזכר. וכן מבאר הרב בית לחם יהודה בהקדמתו הקדושה, וז"ל - ומה מאד נמלצו [**אח"י** - מלשון מליצה] בזה דברי הנביא ירמיה (סימן כ"ב) באומרו - אל תבכו למת וכו'. שהוא מדבר עם הציבור המתקבצים להספיד על איזה צדיק הנפטר רח"ל, על שנחסר צדיק אחד מהדור שהיה מגין בזכותו עליהם. וקאמר להו הנביא אל תבכו וכו', **לפי שרובם של צדיקים אינם זוכים לעסוק בכל ארבעה חלקי הפרד"ס, ואם כן מוכרחים הם לחזור ולבוא בגלגול כדי להשלים לימודם בארבעה חלקים**, כי אפילו הוא עסק בשלוש חלקי הפרד"ס, לא יצא ידי חובתו, ועליו נאמר הן כל אלה יפעל א"ל פעמים שלש עם גבר, להחזירו בגלגול. ואם כן הויא פסידא דהדרא. ואפשר שבו ביום שנפטר הוא חוזר ומתגלגל, כנזכר בזוהר ריש פרשת אמור, יעו"ש. ואם כן אין לכם פסידא כל כך. אמנם בכו בכו להלך, לאותו צדיק שכבר עסק בארבעה חלקי הפרד"ס. כי תיבת להלך היא חסר ו', ואם תחשוב תיבת להלך ארבעה פעמים עם ארבעה הכוללים, שהם כנגד ארבעה חלקי הפרד"ס, הם בגימטריא פרד"ס. **שזה הצדיק לא ישוב עוד וראה את ארץ מולדתו, כי על ארבעה לא אשיבנו.** שזהו פסידא דלא הדרא באמת, ונחסר לגמרי מן העולם הזה, עד כאן לשונו. ולכן חובה על כל אדם לעסוק בכל חלקי הפרד"ס, ובפרט בחלק הסוד, הנקרא פנימיות התורה, כמבואר בזוהר הקדוש כמובא בזוהר הקדוש פרשת נשא דף קכ"ד - **בהאי חבורא דילך דאיהו ספר הזוהר יפקון ביה מן גלותא ברחמי**, בזכות הלימוד בספר הזוהר הקדוש, יצאו בני ישראל מהגלות **ברחמים**. ועוד כל מי שחשקה נפשו ללמוד, אסור למנוע זאת ממנו, בסוד הפסוק[10] - אל תמנע טוב מבעליו, ועל כל אדם להיכנס לפרד"ס החיים.

10 **משלי ג' כ"ז** – אל תמנע טוב מבעליו בהיות לאל ידך לעשות.

אשרי האיש אשר לא הלך בעצת רשעים ובדרך חטאים לא עמד ובמושב לצים לא ישב. דע כי יהיו הרבה אנשים רשעים, שינסו למנוע מבני ישראל הקדושים ללמוד בכללות תורה, ובפרט את תורת הקבלה, מכל מיני סיבות ומניעות, והשטן מדבר מגרונם של אלו הרשעים. ואלו דברי קודשו של בעל שבט מוסר רבינו אליהו הכהן האתמרי זצלה"ה - ובהביטך בן אדם מה שעבר על אחרים למה תרדוף אתה אחר כל אלה הדברים הזרים, להשביע נפש מרורים ולמוסרה ביד צרים המה המקטרגים הצוררים, ולמה לא תחמול על נפשך ועל נועם תבנית צלם גופך למוסרו בידן ולהשליכו בתוך גחלי רתמים בטיט היון של גיהנם, להשחירו ולהתיכו כאשר ניתך הזפת בפני האש, אשר על כן תן עצה אתה בנפשך **לברור בדרך החיים בעסק התורה והמצות**, וגם להצטער עצמך זמן קצוב הם חיי עולם הזה, כדי שתתענג זמן רב בלתי סוף ותכלית, ואל יעלה על דעתך כאשר עלה בדעת הרבה שנאבדו בידם באומרם כיון שמכיר אני בעצמי שאין בדעתי להבין ולהשכיל, איני עוסק בתורה, טועה הוא בדבר, שהרי הוא מחוייב לעשות מה שנצטוה לעשות, ואם יבין יבין, **שהרי והגית בו יומם ולילה כתיב** ולא כתיב ותבין בו, וכן תמצא בדברי התנא אם למדת תורה הרבה נותנין לך שכר הרבה, ואינו אומר אם הבנת הרבה, אלא למדת אמרו, ותשתדל להבין ואם תבין תבין, ואם לא שכר לימודך בידך, וכמאמר התנא לפום צערא אגרא, ומה גם שאמרו האדם איני לומד מפני שאיני מבין, **הוא פיתוי היצר**, יתמיד בלימודו וסוף הבינה לבא, שבראות קדוש ברוך הוא **חשקו בתורתו ודבקותו בה, פותח לו מעייני החכמה**, דכתיב - כי הוי"ה יתן חכמה מפיו דעת ותבונה. והנני מוסר לך דבר אשר תרדוף אחריה, ויהיה חיים לנפשך וענקים לגרגרותיך, **לעולם יהיה עיקר לימודך בדבר של תורה שליבך חפץ יותר**, אם בגמרא גמרא, ואם בדרוש דרוש, ואם ברמז רמז, **ואם בקבלה קבלה**, ורמז לדבר כי אם בתורת הוי"ה חפצו, כלומר תורת הוי"ה תלויה בדבר שלבו חפץ לעסוק, וכמו שמבאר האר"י זלה"ה בספר דרושי הנשמות והגלגולים פרק שלישי, וז"ל - יש בני אדם שכל חפצם ועסקם בפשטי התורה, ויש שעסקם בדרוש, ויש ברמז, ויש גם כן בגימטריות, **ויש בדרך האמת**, הכל כפי מה שעליו נתגלגל בפעם ההוא, כיון שהשלים פעם אחרת בשאר העניינים, אין צורך לו שבכל גלגול יעסוק בכולם, עד כאן לשונו. **ואל תביט ותשגיח לדברי המתנגדים על מה שחשקת לעסוק בתורה** בגמרא או בפשט או בדרוש וכו', באומרם לך למה אתה מוציא כל ימיך בפרט זה של תורה ולא בפרט זה, משום שעל מה שחשקת ללמוד, על דבר זה באת לעולם, ואם תשים דעתך לדבריהם, יכריחוך להתגלגל בזה העולם פעם אחרת ולעבור נפשך בחרב חדה של מלאך המות ולטעום טעם מיתה, ולכן לא תשמע לדברי המשחית נפשך, **כי דע שהשטן מתלבש באלו האנשים לדאוג ולהצטער ולהכאיב נפש הלומד ועוסק בתורה**, בחלק שֶׁאִוְּתָה נפשו לעסוק, כדי להבדילו משם שלא ישלים נפשו, על מה שבא להשלימה, ולהכריחו גלגולים אחרים, וכשם שבדבר שחושק יותר האדם ללמוד, משם יבין שעל דבר זה נתגלגל להשלים, כך צריך האדם שידע שורש נשמתו ומהיכן נמשך ועל מה בא לתקן ולהשלים, כמו שאמר בזוהר שיר השירים על הגידה לי את שאהבה נפשי וכו'. **וכדי שיבין יראה באיזה מצוה תקיף יצרו יותר לבטלה יתחזק בה לקיימה, כי בוודאי על מצוה זו נתגלגל**, וכדי שלא ישלים חוקו מנגדו יצרו לבטלה להוציאו מן העולם בידיים ריקניות... ולכן לא תשמע לדברי רשעים אלו, אלא תשמע לדברי חיים.

חבר אני לכל אשר יראוך ולשמרי פקודיך. בסוף[11] עץ חיים מובא מספר כללים למהרח"ו, וז"ל - להאר"י זלה"ה. הרמב"ן וחבריו ודברי ראשונים כמו רבי נחוניא בן הקנה לא הזכירו רק עשר ספירות, ולא גילו ענייני פרצוף כלל. **ודע שהרמב"ן והראשונים היו יודעים בפרצוף**, אלא שדברו בהעלם גדול, לרוב הגלות שלא ניתן רשות לגלות, ולהתפשט האורות הגדולים, מאחר שגברו הקליפות, וכל זר לא יאכל קדש. **אמנם בעקבות משיחא כמו בדורינו זה התחילו האורות להתפשט להיות כבראשונה**, כמו שהיה בזמן העולם מתוקן ולהתתקן מעט. ומתחלה היו האורות סתומים, היה העולם מקולקל, וכל מה שנתקלקל נסתם בגלות, ולא היו משיגין אלא עשר ספירות בסתום, בסוד הנקודות, כל אחד כלול מעשר, ובענין הפרצופים לא נתגלה להם כלל, לפי שמצאו בדברי הראשונים סתומים, ולא ידעו עומק הדברים, וחשבו שכך הוא ודברו בעשר ספירות כל אחד כלול מעשר ובחינות הרבה, ולפי שראיתי מי שחולק על דברים אלו לאמור שלא מצינו אלא עשר ספירות, ומהיכן יש לשלוט כח לאמור כמה פרצופים שנמצא יותר מעשר ספירות, ומספר רב והלא הראשונים כתבו בספר יצירה - עשר ולא תשע, עשר ולא י"א, לזה באתי לפתוח לך כחודא דמחטא, אולי תזכה להבין מקצת, וכולו לא תשורנו עין, וזהו. ובהקדמתו[12] הקדושה כותב הרב ז"ל - והנה אין בכל דור ודור שלא נמצאו בו אנשים יחידי סגולה ששרתה עליהם רוח הקודש, והיה אליהו הנביא ז"ל נגלה עליהם, **ומלמד אותם סתרי החכמה הזאת**, וכמו שנמצא כתוב בספרי המקובלים, גם בעל ספר הרקנטי כתב בפרשת נשא בפרשת ברכת כהנים..... ואנשי לבב שמעו לי, אל יהרסו אל הוי"ה, **לראות בספרי האחרונים הבנויים על פי השכל האנושי**, ושומע לי ישכון בטח ושאנן מפחד רעה. ולכן אני הכותב הצעיר חיים וויטאל, רציתי לזכות את הרבים **בהעלם נמרץ והמשכילים יבינו**, וקראתי שם החבור הזה על שמי **ספר עץ חיים**, וגם על שם החכמה הזאת העצומה, חכמת הזוהר, הנקרא עץ חיים, ולא עץ הדעת כנזכר לעיל, בעבור כי בחכמה הזאת טועמיה חיים זכו, ויזכו לארצות החיים הנצחיים, **ומעץ החיים הזה ממנו תאכל, ואכל וחי לעולם**. ואשכילך ואורך דרך זו תלך דע מן היום אשר מורי זלה"ה החל לגלות זאת החכמה, **לא זזה ידי מתוך ידו אפילו רגע אחד**, וכל אשר תמצא כתוב באיזה קונטריסים על שמו ז"ל, ויהיה מנגד מה שכתבתי בספר הזה, **טעות גמור הוא, כי לא הבינו דבריו, ואם יש בהם איזה תוספות שאינו חולק עם ספרינו זה, אל תשית לבך בקבע אליו, כי שום אחד מהשומעים את דברי קדשו, לא ירדו לעומק דבריו וכוונתו, ולא הבינום**, בלי שום ספק. ואם יעלה בדעתך לחשוב שתוכל לברור הטוב ולהניח הרע, אל בינתך אל תשען, כי אין הדברים האלו מסורים אל לב האדם כפי שכל אנושי, והסברא בהם סכנה עצומה, ויחשב בכלל קוצץ בנטיעות חס ושלום, לכן הזהרתיך ואל תסתכל בשום קונטרסים הנכתבים בשם מורי זלה"ה, זולתי במה שכתבנו לך בספר הזה, **ודי לך בהתראה זאת**, אלו הם דברי קודשו. ועלינו ללמוד אך ורק בתורת מורינו חיים.

אני קראתיך כי תענני אל הט אזנך לי שמע אמרתי. עוד כתב הרב ז"ל בהקדמתו תנאים כדי לזכות לחכמה הקדושה הזאת, וז"ל - אני הכותב משביע בשמו הגדול יתברך, לכל מי שיפלו

---

11 **ע"ח ח"ב דקי"ט ע"א.**

12 **ע"ח ד"ד ע"ב.**

הקונרטסים אלו לידו, שיקרא הקדמה זאת, ואם אותה נפשו לבוא בחדרת החכמה זאת, יקבל עליו לגמור ולקיים כל מה שאכתוב ויעיד עליו יוצר בראשית, שלא יבוא אליו היזק בגופו ונפשו, ובכל אשר לו, ולא לאחרים. תחת רודפו טוב והבא לטהר ולקרב. **ראשית הכל יראת הוי"ה, להשיג יראת העונש, כי יראת הרוממות, שהוא יראה הפנימית, לא ישיגוהו רק מתוך גדלות החכמה**, ועיקר מגמתו בידיעה הזה יהיה לבער קוצים מן הכרם, כי לכן נקראים העוסקים בחכמה הזאת מחצדי חקלא. **ובודאי שיתעוררו הקליפות נגדו לפתותו ולהחטיאו, לכן יזהר שלא לבוא לידי חטא אפילו שוגג**, שלא יהיה להם שייכות בו, לכן צריך ליזהר מהקלות, כי הקדוש ברוך הוא מדרדק עם הצדיקים כחוט השערה, לכן צריך לפרוש עצמו מבשר ויין כל ימות השבוע, **וצריך הזהרת סור מרע ועשה טוב**, ובקש שלום. בקש שלום צריך להיות רודף שלום, ולא להקפיד בביתו על דבר קטן וגדול, וכל שכן שלא יכעוס ח"ו.

<u>וצריך להתרחק בתכלית הריחוק סור מרע.</u>

א. ליזהר בכל דקדוקי מצות, ואפילו בדברי חכמים, שהם בכלל לא תסור.
ב. לתקן המעוות קודם שיבא לעולם הבא.
ג. יזהר מהכעס, אפילו בשעה שמוכיח את בניו, לא יכעוס כלל ועיקר.
ד. גם צריך ליזהר מהגאוה, ובפרט בענין הלכה, כי גדול כחה והגאוה, בזה עון פלילי.
ה. בכל צער שיבא לו, יפשפש במעשיו וישוב אל הוי"ה.
ו. גם יטבול בעת הצורך לו.
ז. גם יקדש את עצמו בתשמיש המטה שלא יהנה.
ח. שלא יעבור כל לילה ויחשוב בכל לילה מה שעשה ביום, ויתודה.
ט. גם ימעט בעסקיו ואם אין לו פרנסה כי אם על ידי משא ומתן, יכין יום שלישי ויום רביעי, מחצי היום ואילך, ובכוונה שהוא לעבודת קונו.
י. כל דבור שאינו של מצוה והכרחי, יהיה זהיר ממנו, ואפילו דבר מצוה ימנע בשעת התפלה.

<u>ועשה טוב</u>

א. לקום בחצי הלילה, ולעשות הסדר בשק ואפר ובכי גדול, ובכוונה כל אשר יוציא בשפתיו. ואחר כך יעסוק בתורה כל זמן שיוכל להיות בלי שינה, ובלבד שחצי שעה קודם עלות השחר יתעורר לעסוק בתורה.
ב. ילך לבית הכנסת קודם עלות השחר, קודם חיוב טלית ותפילין, להיזהר שיהיה מעשרה ראשונים.
ג. קודם שיכנס, ישים אל לבו מצות עשה ואהבת לרעך כמוך, ואחר כך יכנס.
ד. להשלים רמז צדיק בכל יום. שהוא צ' אמנים, ד' קדושות, י' קדשים, ק' ברכות.
ה. שלא להסיח דעתו מהתפילין בעת התפילה, זולת בעת העמידה ועסק התורה.
ו. צריך שיהיה עוסק בתורה, מעוטף בטלית ותפילין.
ז. לכוין בתפלה הכוונות, כמו שנבאר בע"ה.
ח. שישים תמיד נגד עיניו שם בן ארבעה אותיות הוי"ה, ויזדעזע ממנו, כמו שכתוב - שויתי הוי"ה לנגדי תמיד.
ט. שיכוין בכל הברכות, בפרט בברכת הנהנין.
י. צריך שיהיה עמל בתורה פרד"ס, שנאמר או יחזיק במעוזי, ואל יחשוב שיגלו לו רזי התורה

בהיותו ריק, כדכתיב - יהב חכמתא לחכימין, וצריך ליזהר שלא יוציא בשפתיו בחכמה זו, מה שלא שמע מאדם שראוי לסמוך עליו, וכאזהרת רשב"י וחבריו. השגת החכמה תנאי הראשון, צריך למעט דבורו, ולשתוק, כל מה שיוכל כדי שלא להוציא שיחה בטילה, כמאמר רז"ל - סייג לחכמה שתיקה. גם תנאי אחר, על כל דבר תורה שלא תבינהו, תבכה עליו כל מה שתוכל. גם עלית הנשמה בלילה לעולם העליון, שלא תשוט בהבלי העולם, תלוי שתישן בבכיה. ומרת עצבות מגונה עד מאוד, ובפרט להשיג חכמה, והשגה אין לך דבר מונע השגה יותר מזה. גם בענין השגת האדם, אין לך דבר שמועיל כמו הטהרה והטבילה, שיהיה האדם טהור, בכל עת ומורי זלה"ה עם היות שהיה לו חולי השבר שהקור מזיק לו, עם כל זה לא היה מונע מלטבול בכל עת, עד כאן דברי קודשו. ועלינו לקיים את בקשת הרב ז"ל את הבחינות של[13] סור מרע ועשה טוב, כדי לטפס בעץ החיים.

מרן הרש"ש מעיד[14] על עצמו, וז"ל - וראיתי מה שכתבו מעלת כבוד תורתם, על ענין עבודת הוי"ה שקצרתי במקום שהיה ראוי להרחיב מעט הדיבור, אמת הוא כי לכתחילה קצרתי בו, **יען ראיתי כמה מהנזק יצא ממה שכתבו בזה המקובלים שקדמו, כי רבים חללים הפילו, וחלול כבוד הוי"ה, וכבוד התורה. הוי"ה יכפר בעדם, כי כל דבריהם לא על פי התורה הם, ואינם מיוסדים על האמת, ומהם יצאו אבות, ומאבות תולדות הריסת יסודי התורה ח"ו**, הוי"ה יכפר. **וכל זה לא שלמדתי בדבריהם ח"ו**, אלא שפעם אחת הוכרחתי בעל כרחי לעיין בדף אחד שכתוב בו קצור מה שכתבו בענין זה, **וכמעט שקרעתי בגדי לראות דברים אשר לא כן על הוי"ה**. הוי"ה יכפר, וכבר מילתי אמורה להם, **כי עידי בשמים כי כל עסקי ולמודי, אינו רק בדברי האר"י זלה"ה, ותלמידו מהרח"ו ז"ל לבדם, ובלעדם אין לי עסק בשום ספר מספרי המקובלים ראשונים ואחרונים, ואפילו בדברי שאר תלמידי האר"י ז"ל לא למדתי, וכשיזדמן לפני דבר מדבריהם, אני מדלגו**. כי על כן איני כמזהיר, אלא כמזכיר, למען הוי"ה אל יהי לכם מגע יד בדבריהם, ובפרט בענין זה, השמרו לכם פן יפתה לבבכם, **אלא כל לימודם לא יהיה אלא בעץ חיים ובספר מבוא שערים ובשמונה שערים המפורסמים**, שכולם דברי אלהי"ם חיים. ואני קצרתי בענין זה כל מה שאפשר, כי יראתי פן יפלו דפים אלו ביד מי שעדיין לא למד דברי האר"י ז"ל כראוי, **ויחשידני שלמדתי בספרים אחרים, ולא כן הוא כאמור**, ולכן קצרתי בו, ופיזרתי בהקדמה, עד כאן דברי קודשו של מרן הרש"ש. ואנחנו תפילה שיתגלה משיח צדיקנו במהרה בימינו, ומלאה[15] הארץ דעה את הוי"ה כמים לים מכסים, דעת תורת החיים.

---

13 **תהלים ל"ד ט"ו** – סור מרע ועשה טוב בקש שלום ורדפהו.

14 **נהר שלום דף ל"ד ע"א.**

15 **ישעיהו י"א ט'** – לא ירעו ולא ישחיתו בכל הר קדשי כי מלאה הארץ דעה את הוי"ה כמים לים מכסים.

כתב רבינו גאון הקבלה רבי אליהו מני, רבו של הרי"ח הטוב, רבי יוסף חיים בעל הספר "בן איש חי", בספרו הקדוש **כסא אליהו** כי על הלומד ללמוד כל מאמר ומאמר ארבעה חמשה פעמים בלי המפרשים, וינסה להבין את המאמר בעצמו. ואחר כך ילך לראות אם כיוון לדעת המפרשים.

וכן אני הקטן מבקש בכל לשון של בקשה, ללמוד את הדרוש כמו שהוא מובא בספר עץ חיים, ארבעה חמישה פעמים, כדי לנסות להבין את הדרוש. וכל דרוש מובא בתחילת הספר במלואו.

אחר כך יכנס ללמוד את הדרוש עם ביאור הדברים, עוד ארבעה חמישה פעמים, ואחר כך יראה את המקורות להגהות, ודברי רבותינו הקדושים, עם התרשימים וטבלאות.

ואז יעלה ויצליח בלימוד תורת האר"י הח"י.

כתב רבינו **השד"ה** רבי שאול דוויק הכהן, בהקדמת ספרו איפה שלימה, על אוצרות חיים וז"ל - וכדי שיוכל לעלות לימודו למעלה, ריח ניחוח לה'. קודם כל לימוד ימסור עצמו על קדושת ה', כי זה מועיל מאוד, כמו שכתוב בשער הכוונות דף כ"ד ע"ב, כי עתה בזמנינו בעונותינו הרבים אין יכולת לעשות זווג כתיקונו למעלה, ולסיבה זו הקץ מתארך וכו'. אמנם עם כל זה יש קצת תיקון במה שנמסור נפשינו על קידוש ה' בכל הלב, כי על ידי כן אפילו אין בנו שום מעשים טובים, והרשענו עד להפליא. הנה על ידי מסירת נפשינו להריגה, מתכפרים עונותינו כולם, ויש בנו יכולת לעלות עד אימא עילאה, כמו שאמרו חז"ל - גדולה תשובה שמגעת עד כסא הכבוד, שנאמר - שובה ישראל עד ה' וכו', עד כאן דבריו.

וזה הסדר

יקבל עליו ארבע מיתות בית דין, מארבעה אותיות הוי"ה וארבעה אותיות אדנ"י, וליחדם על ידי ארבעה אותיות אהי"ה ועל ידי עסמ"ב

סקילה	י	**א**	וליחדם על ידי **א**	**יוד הי ויו הי**
שרפה	**ה**	**ד**	וליחדם על ידי **ה**	**יוד הי ואו הי**
הרג	**ו**	**נ**	וליחדם על ידי **י**	**יוד הא ואו הא**
וחנק	**ה**	**י**	וליחדם על ידי **ה**	**יוד הה וו הה**

לְשֵׁם יִחוּד
קֻדְשָׁא בְּרִיךְ הוּא וּשְׁכִינְתֵּהּ

יאהדונהי

בִּדְחִילוּ וּרְחִימוּ — וּרְחִימוּ וּדְחִילוּ

יאההויהה — איההיוהה

לְיַחֲדָא אוֹתִיּוֹת י״ה בְּו״ה, בְּיִחוּדָא שְׁלִים

יהו״ה

בְּשֵׁם כָּל יִשְׂרָאֵל, לַאֲקָמָא שְׁכִינְתָּא מֵעַפְרָא, הֲרֵינִי לוֹמֵד בַּסֵּפֶר קַבָּלָה פְּלוֹנִי שֶׁהוּא כְּנֶגֶד תִּפְאֶרֶת דז״א בָּעוֹלָם הָאֲצִילוּת שֶׁבּוֹ שֵׁם מ״ה כְּוֶה יו״ד ה״א וא״ו ה״א לַעֲשׂוֹת מֶרְכָּבָה. וִיהִי רָצוֹן מִלְּפָנֶיךָ ה׳ אֱלֹהֵינוּ וֵאלֹהֵי אֲבוֹתֵינוּ שֶׁתְּזַכֵּךְ רוּחֵנוּ וְנַפְשֵׁינוּ שֶׁיִּהְיוּ רְאוּיִם לְעוֹרֵר מַיִן תַּתְאִין עַל יְדֵי קְרִיאַת סֵפֶר הַקַּבָּלָה הַזֹּאת. וִיהִי נֹעַם יְהוָה אֱלֹהֵינוּ עָלֵינוּ וּמַעֲשֵׂה יָדֵינוּ כּוֹנְנָה עָלֵינוּ וּמַעֲשֵׂה יָדֵינוּ כּוֹנְנֵהוּ.

בָּרוּךְ ה׳ לְעוֹלָם אָמֵן וְאָמֵן, נֶצַח, סֶלָה, וָעֶד.

שער ג' פרק ב'

אמנם דע כי כל בחי' ה' פרצופים שבכל עולם ועולם הנ"ל הנה כל א' כלול מרמ"ח אברים ושס"ה גידין וצריך המעיין לחקור על ניחוח אברים שבכל פרצוף ופרצוף איך יפגשו אבר פרצוף זה באבר פרצוף המלבשת אותו כי אין עומדים כל הפרצופים בשוה ובקומה א' נמצא כי ראש המלכות דעשיה נפגשה בתחתית העקב דא"ק וכעד"ז בכל שאר הבחי' לא יכילם העין כ"א נגולו כספר השמים וכפי דבוק זה האבר שבזה הפרצוף באבר הפרצוף שכנגדו לפעמים יפגשו עין בחוטם ואזן בעקב וכיוצא בזה לאין קץ. וזהו ענין חכמת הצירוף כ"ב אותיות א"ב אל"ף עם כולם וכולם עם אל"ף וכיוצא בשאר האותיות והם הם גורמים השינוי שאין לך יום שדומה לחבירו ואין צדיק דומה לחבירו ואין בריה דומה לחבירתה וכל הנבראים כולם לצורך גבוה כי אין יניקת כולם שוה אף לא תיקון כולם שוה ותתקן החלבנה בקטורת מה שלא תתקן הלבונה לכן היה צריך באלו העולמות טו"ר ובינוני ובכ"א מינים לאין קץ. והנה אלו הה' פרצו' של עולם האצילות נתבארו באד"ר ובאד"ז וז"ש בהבראם בה' בראם כי כל הנבראים היו בחי' ה"פ הן באצי' הן בבי"ע וז"ס ה' זעירא כי כולם יצאו מה' זעירא למלכות דא"ק (אחר שנתמעטה) [אחר שנתפשטה] בסוד ז"ת שלה לבד ואז היתה ראש להם כנ"ל לכן נרמזו בה' זעירא והנה הי"ס דאצילות להיותם לבושים למלכות דא"ק התחילו בהם הסיגים ונרמזו באלה המלכים הנזכר בראש אד"ר כי כולם בני מלכים הם בראשית ברא אלהים [שהיא מלכות דא"ק הנקראת אלהים ומכחה נבראו שמים וארץ דאצילות] ומתחלה לא נתקנו עד שיצא הדר מלך הח' (ממ"ה סא"א) שם הוי"ה הוא תולדות היסוד דא"ק מילה שניתנה בח' והוא הדרת פני [נ"א פנים] זקן והוליד טיפת הלובן הנקרא חסדים והטיל במ"ן דמל' שבו (נ"א מ"ד במ"ן במל' שבה) שהוא טיפת אודם ארץ אדום וכדין עלמין אתתקנו שהם ז' מלכים הכוללים הי"ס דאצילות כי ראשון כולל ג"ר וכדין עלמא אתבסם בזווג יסוד ומל' דא"ק. וזהו ביום עשות ה' אלהים ארץ ושמים שיתף רחמים בדין ואז נתקן האצילות גם המלכות עצמה דא"ק שהיא ראשית דאצילות והיא עתיק יומין נתקנה טיפת אודם שלה [היינו אור ז"ת שלה המתלבשת בי"ס דאצילות] ועלי' נאמר באד"ר דקל"ה ע"א כל רישא דעמא דלא אתתקן איהו בקדמיתא לית עמא מתתקן ואין הכוונה ח"ו עליה עצמה רק על הארת ז"ת שבה המתלבשים בי"ס דאצילות אך עצמות ממש ז"ת שבה נשארו למעלה במקומו רק ניצוצי אורם הם היורדין להתלבש באצילות ונק' רישא דעמא ולכן נקרא אנ"י ונק' אי"ן ודא מל' דא"ק וכתר דאצי' והבין וז"ש באדר"ז דרפ"ח ובג"כ אקרי ע"ק אין דבי תליא אי"ן, בגין דהאי חכמתא סתימאה (אקרי אי"ן דביה תליא) דביה מתפרש תלת זמנין כו' שהוא חכמה דא"ק המתלבש' בעתיקא שהוא כתר דאצילות ואז נקרא אי"ן. הרי אם ירצה המעיין להעמיק בדברינו אלה יסתכל היות א"ס פנימי' לעולמו' ומקיף כל העולמות ורגלי קומת א"ק המלביש את א"ס מבריח על סיום כל העולמות אבי"ע. ואצי' לבוש לז"ת דמלכות שבו וכל בריאה לבוש לז"ת דמל' דאצי' וכל היצירה לבוש לז"ת דבריאה וכל עשיה לבוש לז"ת דמל' דיצי' והיה (נ"א כי) עקביים דא"ק מתלבשים בי"ס דעשי' וכ"א כלולה מק' הרי אלף יומין דחול כי שם הקלי' כולם ובהשתלם להזדכך ולהתברר האור מעולם העשיה שהוא יסוד יעקב י' עקב כי הם עשר ניצוצי אורה הניתנין בעקב שהוא עולם העשיה כי אז בעקבא משיחא היא א"ק חוצפא יסגא ואח"כ יעמדו רגליו על הר הזתים דכתיב ועמדו רגליו וגו' וישתלם קומתו ועליו נאמר הנה ישכיל עבדי ירום ונשא וגבה מאד. ישכיל מעשיה

בסוד ונחמד העץ להשכיל עץ הדעת. ירום מיצירה. ונשא מבריאה. וגבה מאציל׳. מא״ד אותיות אדם. הוא א״ק. אז יבוא משיח בע״ה ומחת לגלגלתא על רגלוהי הם הקלי׳ שכנגד ג׳ עולם בי״ע. כי על האציל׳ נאמר אני ה׳ הוא שמי וכבודי לאחר לא אתן. והבריאה היא רישא דדהבא כי היא בחי׳ זהב מצפון זהב יאתה שהיא בינה עלמא דאתכסיא המתלבשת ומקננת בבריאה כנ״ל וקלי׳ דיצירה כסף ונחושת. וקלי׳ דעשיה פרזלא וחספא. והאבן מל׳ האחרונה שבכל העולם הוא עקב א״ק ואתה תשופנו עקב. בהאי אבן דאתגזרת מטורא דלא בידין ומחת לצלמא על רגלוהי שבעשיה ואז שמים דעשיה וארץ דעשיה נאמר עליהם שמים כעשן כו׳ והארץ כבגד תבלה כי בהגלות רגלי א״ק על הר הזתים אשר בתוכם הא״ס מתלבש כנ״ל ואז יהיה אור הלבנה כאור החמה ואור החמה יהיה שבעתים כאור ז׳ הימים הראשונים ז״ת דמלכות דא״ק כנ״ל הנקרא ע״י דאצילות.

[דט"ז ע"ד 32]

פרק ב'

דרוש זה מקורו מספר אדם ישר וצריך לכתוב מ"ב בראש הדרוש.

אמנם דע כי כל בחינת ה' פרצופים שהם א"א, או"א וזו"ן שבכל עולם ועולם הנ"ל, הנה כל א' כלול מרמ"ח אברים ושס"ה גידין, וצריך המעיין לחקור על ניתוח אברים, שבכל פרצוף ופרצוף, איך יפגשו אבר פרצוף זה, באבר פרצוף המלבשת צ"ל המלביש **אותו**[16], כי אין עומדים כל הפרצופים בשוה[17], ובקומה אחת[18], נמצא כי ראש המלכות דעשיה שהוא כתר דמלכות דעשיה, נפגשה[19] צ"ל נפגשת בתחתית העקב דא"ק שהוא תחתית נ"ה דא"ק, וכן על דרך זה בכל שאר הבחינות, לא יכילם העין[20], כי אם נגולו כספר השמים,

---

16

כאשר האדם חוקר ומעמיק במעשה מרכבה הוא יכול להכיר את נפלאות הבורא, בסוד דע את אלוקי אביך ועבדהו. ועל ידי זה יפתחו לו מהשמים ויסיג הסגות בחכמה זאת, ויבין סודות בהנהגה העליונה, כמו שרמזו חז"ל כי הבנת תורת הקבלה תלויה בהבנת הלב.

דברי הימים א' כח ט' - ואתה שלמה בני **דע את אלהי אביך ועבדהו** בלב שלם ובנפש חפצה, כי כל לבבות דורש הוי"ה, וכל יצר מחשבות מבין, אם תדרשנו ימצא לך, ואם תעזבנו יזניחך לעד.

גמרא מגילה דכ"ד ע"ב – תניא, אמרו לו לרבי יהודה הרבה צפו לדרוש במרכבה ולא ראו אותה מימיהם, ורבי יהודה התם באבנתא דליבא (בהבנת הלב) תליא מילתא.

17

למדנו כי הפרצופים לא עומדים בשווה, וכל פרצוף תחתון מלביש את העליון, לפעמים מהגרון. לפעמים מהחזה, לפעמים מהטבור, וכו'.

תרשים ב – א.

לפעמים מהחזה.

תרשים ב – ב.

לפעמים מהטבור, וכו'.

תרשים ב – ג.

18

יש את סוגיה שהפרצופים עומדים בשווה, וסוגיה זאת נקראת – **עובי.**

תרשים ב – ד.

19

בית לחם יהודה ש"ג פ"ב – נפגשת בתחתית העקב דא"ק. כי רגלי א"ק מסתימים עד עגולי עתיק מצד מטה, ומלכות דעשיה היא בסוף עשרה עגולי א"א, המעוגלים בתוך עגולי עתיק, כמ"ש בדברינו הריש פרק א' דלעיל, א"כ היא נפגשת בתחתית העקב דא"ק.

20

כי אפשר להגיע לאין סוף של צרופים.

וכפי דבוק זה האבר שבזה הפרצוף באבר הפרצוף שכנגדו[21]**, לפעמים**[22] **יפגשו עין** של פרצוף אחד עם **בחוטם** של פרצוף אחר, **ואזן** של פרצוף אחד **בעקב** של פרצוף אחר, **וכיוצא בזה לאין קץ. וזהו** הרב ז"ל מבאר כאן מה נפקא מינה, כל העניין של האברים של ספירה אחת, שנפגשים אברים אחרים של ספירה אחרת, והוא[23] **ענין וחכמת הצירוף** שכל העולמות והנבראים נבראו על ידה, וסוד עולם המלבוש[24] הנלמדת בספר יצירה[25], והיא היא סוד קבלה מעשית, והיא תורה שמסוכן לעסוק בה, ומי

21

כל אבר בכל פרצוף ופרצוף רומז את אות באותיות התורה, ומספר הצרופים בין האותיות הוא כמספר הצרופים בין אבר ואבר של פרצוף אחד לשני.

22

בית לחם יהודה ש"ג פ"ב - לפעמים יפגשו עין בחוטם. אפשר שזה יהיה בזמן הנשיקין דז"ון, יפגשו עינא דנוקבא בחוטם ז"א, לפי שכתרו הוא למעלה מכתרה.

23

תניא, שער היחוד והאמונה פ"ז דפ"ד ע"א – אלא שצמצם הקדוש ברוך הוא האור והחיות, שיוכל להתפשט מרוח פיו, והלבישו תוך צירופי אותיות של עשרה מאמרות, וצירופי צירופיהן, בחילופי ותמורות האותיות עצמן, ובחשבונן ומספרן, שכל חילוף ותמורה מורה על ירידת האור והחיות ממדרגה למדרגה, דהיינו שיוכל לברוא ולהחיות ברואים שמדרגות איכותם ומעלתם היא פחותה ממדרגות איכות, ומעלת הברואים הנבראים מאותיות ותיבות עצמן שבעשרה מאמרות, שבהן מתלבש הקדוש ברוך הוא בכבודו ובעצמו, שהן מדותיו. והחשבון מורה על מיעוט האור והחיות, מיעוט אחר מיעוט, עד שלא נשאר ממנו אלא בחינה אחרונה, שהוא בחינת החשבון. ומספר כמה מיני כחות ומדרגות כלולות באור וחיות הזה, המלובש בצירוף זה של תיבה זו, (ואחר כל הצמצומים האלה וכיוצא בהן, כאשר גזרה חכמתו יתברך, הוא שהיה יכול האור והחיות להתלבש גם בתחתונים, כמו אבנים ועפר הדומם, כי אבן דרך משל שמה מורה כי שרשה, משם העולה ב"ן במספרו, ועוד אלף נוספת משם אחר (לישעם) [נראה דצ"ל לטעם] הידוע ליוצרה.

24

ליקוטי תורה למהרח"ו, בראשית ד"ו ע"א – ראוי לדעת כי כל העולמות וכל הנבראים כולם נבראו בצרופי שמות הקדושים, והשרש העליון הוא שם בן ארבעה. כי יש בו ארבעה אותיות, וי"ב צרופים, ג' לכל אות, הרי מארבעה נעשה י"ב, וי"ב נעשה מכל אחד מהם שש, הרי ע"ב שמות היוצאים משלשה פסוקים ויסע, ויבא, ויט.

תניא, שער יחוד ואמונה פי"ב דפ"ט ע"א – רק שהברואים מתחלקים למיניהם בכללות ובפרטות על ידי **שינויי הצירופים וחילופים ותמורות** כנזכר לעיל, כי כל אות היא המשכת חיות וכח מיוחד פרטי וכשנצטרפו אותיות הרבה להיות תיבה, אזי מלבד ריבוי מיני כחות וחיות הנמשכים כפי מספר האותיות שבתיבה עוד זאת העולה על כולנה המשכת כח עליון וחיות כללית הכוללת ושקולה כנגד כל מיני הכחות והחיות פרטיות של האותיות, ועולה על גביהן, והיא מחברתן ומצרפתן יחד להשפיע כח וחיות לעולם הנברא, בתיבה זו, לכללו ולפרטיו. כגון דרך משל בתיבות שבמאמר יהי רקיע וגו', שנבראו בהן שבעה רקיעים, וכל צבא השמים, אשר בהם כמאמר רז"ל שחקים שבו רחיים עומדות וטוחנות מן לצדיקים וכו', זבול שבו ירושלים, ובית המקדש ומזבח וכו', מכון שבו אוצרות שלג ואוצרות ברד וכו', שכללות הרקיעים נבראו וחיים וקיימים בכללות תיבות אלו, שבמאמר יהי רקיע וכו', ופרטי הברואים שבשבעה רקיעים, **נברא כל פרט מהם וחי וקיים מאיזה צירוף אותיות מתיבות אלו, או חילופיהן, ותמורותיהן**, שהן כפי בחינת חיות הנברא הפרטי ההוא, **כי כל שינוי צירוף הוא הרכבת ואריגת הכוחות והחיות בשינוי**, שכל אות הקודמת בצירוף היא הגוברת, והיא העיקר בבריאה זו, והשאר טפילות אליה ונכללות באורה. ועל ידי זה נבראת בריה חדשה, וכן בחילופי אותיות או תמורותיהן נבראות בריאות חדשות פחותי המעלה, בערך הנבראים מהאותיות עצמן, כי הן דרך משל דוגמת אור המאיר בלילה בארץ מן הירח, ואור הירח הוא מהשמש, ונמצא אור שעל הארץ הוא אור האור של השמש, וככה ממש דרך משל האותיות שבמאמרות הן כללות המשכת החיות והאור והכח ממדותיו של הקדוש ברוך הוא לברוא העולמות מאין ליש, ולהחיותן ולקיימן, כל זה משך רצונו יתברך ומכללות המשכה והארה גדולה הזו האיר הוי"ה והמשיך ממנה תולדותיה כיוצא בה וענפיה שהן תולדות והמשכת האור מהאותיות והן

הן חילופי אותיות ותמורותיהן, וברא בהן ברואים פרטים שבכל עולם, וכן האיר הוי"ה עוד והמשיך והוריד הארה דהארה מהארות האותיות, וכן המשיך עוד והוריד עד למטה מטה בבחינת השתלשלות עד שנברא הדומם ממש, כאבנים ועפר ושמותיהן אבן ועפר, הם חילופים דחילופים כו', ותמורות דתמורות כו', כנזכר לעיל.

שערי גן עדן, דרך אמת, פתח א', דרך ב' בו יתבאר איך נאצלו העולמות שלמטה די"ח ע"ב - והנה כאשר שנתמלא כל הטהירו אור גדול שהוא זך ובהיר מאוד שלא יכול לבוא לידי ציור כנ"ל והוצרך לעשות עוד צמצם אור לעשות מקום פנוי לעמידת העולמות. ולכן רמז בעה"ר שאלו האורות שבטהירו יתקפלו מניה וביה בסוד שאמרו כהדין קמצא דלבושיא - מניה ורמזו כמלת קמצ"א סוד רל"א במספר השוה. שאותן הרל"א שערים שהיו בסוד פנים ואחור כנ"ל ומלאו את הטהירו נפסק הלבוש לשנים ועלו חצי תחתון אחורי חצי עליון בסוד הצמצם ועמדו אותיות שהיו דרך כלל בחינת אחור נגד אותיות שהם בחינת פנים, וגם כל השמות של ד' מילואים עמדו ג"כ האחור אחורי הפנים היינו מ"ה נגד ע"ב וב"ן כנגד ס"ג. הנה אם תשכיל ותבין בעין שכלך תראה, אחר שנתקפל אור הטהירו בסוד המתנשא מימות עולם כמבואר ביונת אלם ובכנפי יונה ע"ש. ותבין איך נארגו האותיות הפנים ואחור בסוד הכתוב ה' יברך את עמו בשלום. הכוונה כי אלו האותיות שהוא סוד תורה חתומה נתנה שנעשה בסוד מלבו"ש אותיות בשלו"ם אור פנימי שלהם שהוא סוד קו היושר שהם ד' מילואי במספר יבר"ך והוא מלשון הרכבה שעי"ז זכו עם הקדושו להיות מרכבה למעלה ואחיזתן מקו היושר כמ"ש לקמן והם סוד ד' דגלים שהיו במחנה ישראל. כמ"ש בשער אותיות במקומו. וראה והבן כי אחרי שנפסקו אורות הטהירו לשנים נעשה כל מרכז בסוד א"ל ב"מ כי עלה מרכז ל"א תחת א"ל היינו הלמ"ד אחורי הא' וא' אחורי ל' וכן מרכז מ"ב נגד מרכז ב"מ הרי הכל באורך וברוחב א"ל ב"ם וכן כל האותיות היינו הרל"א שערים אם תעיין בתמונה המצויירת בשער הא' תראה איך הכל היה בסוד א"ל ב"ם ויש בהם סודות נפלאים ואין אנו כאן בביאורם. גם תראו איך עמדו אורות הפנימיים האחור אחורי הפנים א"ב. עמדו ב' אותיות ו"ה שבאחור נגד ב' אותיות י"ה שבפנים ונעשה הוי"ה שלימה. וכן מלוי מ"ה שבאחוד נגד ע"ב שבפנים ומלוי ב"ן נגד ס"ג כזה:

תרשים ב – ה.

המעיין צריך לדעת כי יש בחינת פנים ובחינת אחור. לבחינת הפנים יש שתי בחינות האחת נקראת פנים דפנים, והשניה ואחור דפנים. ולבחינת האחור יש שתי בחינות האחת נקראת פנים דאחור, והשניה אחור דאחור.

תרשים ב – ו.

לדוגמה כל הצרופים של ספירת הכתר מתחילים עם האותיות א' – ל', כאשר הצרופים המתחילים באות א' הם בחינת הפנים, והאות ל' הם בחינת האחור. צרופי האות א' עם האותיות ב' ג' ד' ה' ו' ז' ח' ט' י' כ' הם בחינת פנים דפנים, צרוף האותיות **<u>אל</u>** היא המרכז. צרופי האות א' עם אותיות מ' נ' ס' ע' פ' צ' ק' ר' ש' ת' הם בחינת אחור דפנים. צרופי האות ל' עם אותיות מ' נ' ס' ע' פ' צ' ק, ר' ש' ת' הם בחינת פנים דאחור, כאשר צרוף האותיות **<u>לא</u>** הם במרכז, צרופי האות ל' עם אותיות ב' ג' ד' ה' ו' ז' ח' ט' י' כ' הם בחינת אחור דאחור.

תרשים ב – ז.

גם צריך לדעת כי הצרופים הם בצורות של כדורים אחד בתוך השני.

כדור הכתר דפנים.

תרשים ב – ח.

כדור הכתר דאחור.

תרשים ב – ט.

25

סוד זה נתבאר בפרק ב' בספר היצירה, וז"ל שם – עשרים ושתים אותיות יסוד, קבען בגלגל כמין חומה ברל"א שערים, וחוזר הגלגל פנים ואחור וכו'. כיצד צרפן שקלן והמרן, א' עם כולן, וכולן עם א'. ב' עם כולן, וכולן עם ב'. חוזרות חלילה, ונמצאות ברל"א שערים וכו', עכ"ל. ובאור הדבר, כי האותיות הם יסוד של בנין העולם, שהוא ז"א הנקרא עולם, ולז"א יש אחת עשר ספירות שהם – כחב"ד חג"ת נהי"ם. והכ"ב אותיות הם חלקי בנין גופו בסוד אבריו, והם פעמים י"א אותיות כנגד פנים ואחור די"א ספירות הז"א.

תרשים ב – י.

ובכל ספירה שבז"א יש את כל הכ"ב אותיות. וכל אחת מהכ"ב האותיות כלולה מכל שאר הכ"א אותיות, והם מצטרפות ומתגלגלות זו אחר זו באופן זה. אות א' בכתר, אות ב' בחכמה, אות ג' בבינה, אות ד' בדעת, אות ה' בחסד, אות ו' בגבורה, אות ז' בתפארת, אות ח' בנצח, אות ט' בהוד, אות י' ביסוד, ואות כ' במלכות. ואלו הי"א אותיות הן בפנים דעשר ספירות כחב"ד חג"ת נהי"ם דז"א. וכן על דרך זה יש י"א אותיות באחור די"א ספירות הנ"ל, והם אות ל' בכתר, אות מ' בחכמה, אות נ' בבינה, אות ס' בדעת, אות ע' בחסד, אות פ' בגבורה, אות צ' בתפארת, אות ק' בנצח, אות ר' בהוד, אות ש' ביסוד, ואות ת' במלכות.

תרשים ב – י"א.

כל ספירה שיש בה אות אחת הכוללת כל שאר הכ"א אותיות, והוא באופן זה.

בכתר יש אות א' בפנים, והיינו שיש כ"א צרופים של א' אשר כולם מתחילים באות א'.

צרוף א' מתחיל מאות א' עם ב' וזה צורתו אב, גד, הו, זח, טי, כל, מנ, סע, פצ, קר, שת.

צרוף ב' מתחיל מאות א' עם ג', וצרוף ג' מתחיל מאות א' עם ג'....עד הצרוף הכ"א שהוא א' עם ת'. וביחד הם רל"א צרופים שהם 21 שורות, שבכל שורה יש 11 צרופים ביחד הם 231 צרופים הנקראים רל"א שערים.

באחורי הכתר מתחילים הצרופים האות ל', והיינו שיש כ"א צרופים של ל' אשר כולם מתחילים באות ל'. וגם לאות ל' יש כ"א צרופים. וביחד הם רל"א צרופים שהם 21 שורות, שבכל שורה יש 11 צרופים ביחד הם 231 צרופים הנקראים רל"א שערים.

צרופי הפנים והאחור דכתר ביחד הם 462 צרופים, ונקראים **נתיב** שערים.

תרשים ב – י"ב.

בחכמה יש אות ב' בפנים, והיינו שיש כ"א צרופים של ב' אשר כולם מתחילים באות ב'. וכולם הם רל"א שערים.

באחורי הכתר מתחילים הצרופים האות מ', והיינו שיש כ"א צרופים של מ' אשר כולם מתחילים באות מ'. וכולם הם רל"א שערים.

צרופי הפנים והאחור דחכמה ביחד הם 462 צרופים, ונקראים **נתיב** שערים.

תרשים ב – י"ג.

בבינה יש אות ג' בפנים, והיינו שיש כ"א צרופים של ג' אשר כולם מתחילים באות ג'. וכולם הם רל"א שערים.

באחורי הבינה מתחילים הצרופים האות נ', והיינו שיש כ"א צרופים של נ' אשר כולם מתחילים באות נ'. וכולם הם רל"א שערים.

צרופי הפנים והאחור דבינה ביחד הם 462 צרופים, ונקראים **נתיב** שערים.

תרשים ב – י"ד.

בדעת יש אות בד' בפנים, והיינו שיש כ"א צרופים של ד' אשר כולם מתחילים באות ד'. וכולם הם רל"א שערים.

באחורי הדעת מתחילים הצרופים האות ס', והיינו שיש כ"א צרופים של ס' אשר כולם מתחילים באות ס'. וכולם הם רל"א שערים.

צרופי הפנים והאחור דדעת ביחד הם 462 צרופים, ונקראים **נתיב** שערים.

תרשים ב – ט"ו.

בחסד יש אות בה' בפנים, והיינו שיש כ"א צרופים של ה' אשר כולם מתחילים באות ה'. וכולם הם רל"א שערים.

באחורי החסד מתחילים הצרופים האות ע', והיינו שיש כ"א צרופים של ע' אשר כולם מתחילים באות ע'. וכולם הם רל"א שערים.

צרופי הפנים והאחור דחסד ביחד הם 462 צרופים, ונקראים **נתיב** שערים.

תרשים ב – ט"ז.

בגבורה יש אות בו' בפנים, והיינו שיש כ"א צרופים של ו' אשר כולם מתחילים באות ו'. וכולם הם רל"א שערים.

באחורי הגבורה מתחילים הצרופים האות פ', והיינו שיש כ"א צרופים של פ' אשר כולם מתחילים באות פ'. וכולם הם רל"א שערים.

צרופי הפנים והאחור דגבורה ביחד הם 462 צרופים, ונקראים **נתיב** שערים.

תרשים ב – י"ז.

בתפארת יש אות בז' בפנים, והיינו שיש כ"א צרופים של ז' אשר כולם מתחילים באות ז'. וכולם הם רל"א שערים.

באחורי התפארת מתחילים הצרופים האות צ', והיינו שיש כ"א צרופים של צ' אשר כולם מתחילים באות צ'. וכולם הם רל"א שערים.

צרופי הפנים והאחור דתפארת ביחד הם 462 צרופים, ונקראים **נתיב** שערים.

תרשים ב – י"ח.

בנצח יש אות בח' בפנים, והיינו שיש כ"א צרופים של ח' אשר כולם מתחילים באות ח'. וכולם הם רל"א שערים.

באחורי הנצח מתחילים הצרופים האות ק', והיינו שיש כ"א צרופים של ק' אשר כולם מתחילים באות ק'. וכולם הם רל"א שערים.

צרופי הפנים והאחור דנצח ביחד הם 462 צרופים, ונקראים **נתיב** שערים.

תרשים ב – י"ט.

בהוד יש אות בט' בפנים, והיינו שיש כ"א צרופים של ט' אשר כולם מתחילים באות ט'. וכולם הם רל"א שערים.

באחורי ההוד מתחילים הצרופים האות ר', והיינו שיש כ"א צרופים של ר' אשר כולם מתחילים באות ר'. וכולם הם רל"א שערים.

צרופי הפנים והאחור דהוד ביחד הם 462 צרופים, ונקראים **נתיב** שערים.

תרשים ב – כ.

ביסוד יש אות בי' בפנים, והיינו שיש כ"א צרופים של י' אשר כולם מתחילים באות י'. וכולם הם רל"א שערים.

באחורי ההוד מתחילים הצרופים האות ש', והיינו שיש כ"א צרופים של ש' אשר כולם מתחילים באות ש'. וכולם הם רל"א שערים.

צרופי הפנים והאחור דיסוד ביחד הם 462 צרופים, ונקראים **נתיב** שערים.

תרשים ב – כ"א.

במלכות יש אות בכ' בפנים, והיינו שיש כ"א צרופים של כ' אשר כולם מתחילים באות כ'. וכולם הם רל"א שערים.

באחורי המלכות מתחילים הצרופים האות ת', והיינו שיש כ"א צרופים של ת' אשר כולם מתחילים באות ת'. וכולם הם רל"א שערים.

צרופי הפנים והאחור דמלכות ביחד הם 462 צרופים, ונקראים **נתיב** שערים.

תרשים ב – כ"ב.

רבי חיים ויטאל בפרושו לספר יצירה פ"ב – הכוונה היא מאחר שביארנו שהכ"ב אותיות הם יסוד של בנין העולם, שהוא ז"א הנקרא עולם, עתה צריכין אנו לפרש סדר עניינם והשתלשלותם בעבור סיבת העולם. והענין הוא כי מספר הכ"ב אותיות הוא סוד הגלגל הסובב עמו תמיד בכל סדר הצרוף אשר פירשנו וכו', והם מצרפין תמיד בסדר, אות אחר אות, "כמין חומה" שמסודר אבן על גבי אבן וכו'. והנה אנו רואים שיש כאן בזה הפרצוף האחד, שני פעמים רל"א אותיות, וכן על דרך זה יהיה הצרוף בפרצוף של כל אות, ואם כן איך אמר ברל"א אותיות. לזה מתרץ ואומר "וחוזר הגלגל פנים ואחור". הכוונה שחציו הראשון הוא רל"א שערים בסוד הפנים, שהוא סוד התפשטות, סוד הרחמים הפשוטים, וחציו השני בסוד אור חוזר, אחור ודין, כמו שנודע בתיקון העולם בסוד דין ורחמים, כנזכר במקומו. אם כן אינו אלא רל"א שערים בכל פרצוף בבחינת פנים, ורל"א בבחינת האחור.

צרופי אותיות אלו הם סוד אלב"ם, שהם א"ל ב"מ ג"ן ד"ס ה"ע ו"פ ז"צ ח"ק ט"ר י"ש כ"ת.

סוד עמוק הוא בצרופי היסוד שהמרכז שלו הם אותית **י' ש'**. והם סוד מאמר חז"ל שעתיד הקב"ה להנחיל **שי** עולמות לכל צדיק.

שיודע אותה יכול בצרופי אותיות הא"ב ושמות הקודש לברוא שמים וארץ, כמו שמובאר בגמרא[26] על התנאים, כגון רבי עקיבא וחבריו השתמשו בתורה זאת, כי היה להם אפר פרה אדומה להטהר. ובגלל שאין היום אפר פרה אדומה, לכן[27] רבינו האר"י ז"ל אסר להשתמש בחכמה זאת, והסיבה היא כי כולנו טמאי מתים, ובגלל שאין לנו את אפר הפרה,

---

גמרא סנהדרין ד"ק ע"א - דאמרי במערבא משמיה דרבא בר מרי, עתיד הקב"ה ליתן לכל צדיק וצדיק שלש מאות ועשרה עולמות, שנאמר (משלי ח, כא) להנחיל אוהבי יש ואוצרותיהם אמלא - 'יש' בגימטריא תלת מאה ועשרה הוי.

תרשים ב – כ"ג.

צריך להתבונן בסדר י"ס המסודרות עם צרופי האותיות דאחור ופנים שבהם.

תרשים – כ"ד.

26

גמרא סנהדרין דס"ה ע"ב – רב חנינא ורב אושעיא (הרבנים האלו היו עניים) הוו יתבי כל מעלי שבתא (היו יושבים בכל ערב שבת) ועסקי בספר יצירה (ועסקו בספר היצירה), ומיברו להו עיגלא תילתא (והיו בוראים עגל שלישי – כלומר העגל שנולד שלישי לפרה הוא יותר טעים ומשובח מכל העגלים שנולדים לאותה פרה), ואכלי ליה (והיו אוכלים אותו לכבוד שבת).

27

שער המצוות, פרשת שמות די"א ע"ב – איסור להגות השם בכתבו, ואיסור קבלה מעשית, כתיב - זה שמי לעולם, לעולם כתיב, כמו שאמרו רז"ל. אמר לי מורי זלה"ה כי אמיתות פירוש דבר זה הוא שלא יקרא ארבע אותיות ההוי"ה ככתבן בלי מילוי. אבל אם גם יקראנו במילוי כזה - יו"ד ה"י וי"ו ה"י, גם זה בכלל ההוגה את השם באותיותיו. **ובענין קבלה מעשית**, מה שהוא שימוש האדם לעשות דברים נפלאים, ע"י השבעת שמות הקדש, כל העושה השבעות אלו גורם שיביאו תמיד בפיו ברכות לבטלה, כי עבירה גוררת עבירה, ואותם המלאכים שהוא משביען בעל כרחן מתגרים בו, ומביאים אותו לידי ברכות לבטלה. ושאלתי למורי ז"ל שהרי ראינו דורות הראשונים שהיו משתמשין בשמות כנזכר, ובפרט כפי הנמצא כתוב בספר פרקי היכלות, שהיו משתמשין בהם רבי ישמעאל ורבי עקיבא, לענין פתיחת הלב והזכירה, והשיב לי כי הם היו נטהרים באפר פרה, כנזכר בענין רבי טרפון שהיה מטהר הטמאים באפר פרה, אע"פ שהוא היה אחר חורבן בית שני, אבל עתה אנו כולנו טמאים לנפש אדם, ואין לנו רשות להשתמש בהם, ושמעתי בשם מורי זלה"ה, תשובה אחרת והיא זו כי כל מי שיתקיים בו על כן עלמות אהבוך, כפי הפירוש שפירשו בו רז"ל (ע"ז דל"ה ע"ב) אל תקרי עלמות אלא על מו"ת, ור"ל כי כל מי שאפילו המקטרגים אוהבים אותו, מפני שאין בו שום חטא שיוכלו לקטרג עליו, ואפילו מלאך המות נעשה אוהבו, מותר וראוי לו שישתמש בשמותיו יתברך הקדושים, אבל מי שיוכלו לקטרג עליו מלמעלה, לומר ראה פלוני שעבר עבירה פלונית, והוא משתמש בשמותיך הקדושים, הנה אדם זה הוא ודאי שיענישוהו אותו למעלה אם ישתמש בשמות הקדש. עוד שמעתי בשם מורי זלה"ה, והוא כי כל השמות והקמעים אשר בזמננו הם מוטעים, אפילו אותם הפועלים בנסיון אמיתי, ולכן האדם המשתמש בהם נענש, אבל אם היינו יודעים אותם על מתכונתם, היינו יכולים להשתמש בהם.

ע"ח הקדמת רבי חיים ויטאל ז"ל, ד"ד ע"ג - והנה היום אביע חידות ונפלאות תמים דעים כי בכל דור ודור הפליא חסדו אתנו אל ה' ויאר לנו ע"י השרידים אשר ה' קורא בכל דור ודור כנזכר וגם בדורינו זה אלוהי הראשונים והאחרונים לא השבית גואל מישראל ויקנא לארצו ויחמול על עמו וישלח לנו עיר וקדיש מן שמייא נחית הרב הגדול האלה"י החסיד מורי ורבי כמהר"ר יצחק לוריא אשכנזי זלה"ה מלא תורה כרמון במקרא במשנה בתלמוד בפלפול במדרשים והגדות. במעשה בראשית במעשה מרכבה בקי בשיחת אילנות בשיחת עופות בשיחת מלאכים מכיר בחכמת הפרצוף הנזכר כרשב"י בפרשה ואתה תחזה יודע בכל מעשי בני אדם שעשו ושעתידים לעשות יודע במחשבות ב"א טרם יוציאום מן הכח אל הפועל יודע עתידות וכל הדברים ההווים בכל הארץ ולמה שנגזר תמיד בשמים יודע בחכמת הגלגול מי חדש ומי ישן ואיפת האיש ההוא באיזה מקום תלויה באדם העליון ובאה"ר התחתון יודע בשלהבת הנר ולהבת אש דברים נפלאים מסתכל וצופה בעיניו נשמות הצדיקים הראשונים והאחרונים ומתעסק עמהם בחכמת האמת מכיר בריח האדם כל מעשיו ע"ד ההו' ינוקא בפ' בלק וכל החכמות הנזכרים היו אצלו כמונחים בחיקו בכל עת שירצה בלתי יצטרך להתבודד ולחקור עליהם ועיני ראו ולא זר דברים מבהילים לא נראו ולא נשמעו בכל הארץ מימי רשב"י ע"ה ועד הנה. **וכל זה השיג שלא ע"י שמוש קבלת מעשיות ח"ו כי איסור גדול יש בשמושם** אמנם כ"ז היה מעצמו ע"י חסידותו ופרישותו אחרי התעסקו ימים ושנים רבים בספרים חדשים גם ישנים בחכמה הזאת ועליהם הוסיף

אסור להתעסק בה, כמבואר גם כן בשלחן[28] ערוך, כלומר **כ"ב אותיות** של **הא"ב** הרב ז"ל רמז כבר על ציור האותיות בע"ח שער א'[29] ולפי זה אפשר להבין שכל פרצוף מתחלק לכ"ב אותיות, וכמו שפרצוף אחד מלביש את הפרצוף השני, והם לא שווים האורכם, כלומר לפעמים הם מלבישים מהגרון ולמטה, או מהחזה ולמטה, או מהטבור ולמטה וכו', כך גם חלק מכ"ב האותיות של פרצוף אחד מלבישות את חלק הכ"ב האותיות של הפרצוף השני. לדוגמה כתר דנוק' שהוא אותיות א"ל, נפגש לפעמים עם תפארת דז"א שהם אותיות ז"צ. ולפעמים דעת דנוק' שהם אותיות ד"ס נפגשת עם יסוד דז"א, שהם אותיות י"ש. לפעמים כתר דנוק' עולה לחכמה דז"א, ואז אותיות א"ל דנוק' נפגשות עם אותיות ב"ם דז"א. וכיוצא בזה, לדוגמה אות **אל"ף**[30] **עם כולם** עם כל האותיות, **וכולם** כל האותיות **עם** האות **אל"ף, וכיוצא בשאר האותיות**[31] שאפשר לעשות כל מיני אופני צרופים שונים ורבים.

חסידות ופרישות וטהרה וקדושה היא הביאתו לידי אליהו הנביא שהיה נגלה אליו תמיד ומדבר עמו פה אל פה ולמדו זאת החכמה.

שערי קדושה חלק ג' שער ו' – וזהו סוד שמוש פרקי היכלות, שנשתמשו בו רבי נחוניא, ורבי עקיבא, ורבי ישמעאל, ואנשי כנסת הגדולה, ואחר כך נשתכחו גם דרכי השמושים ההם. ועוד אחרת **כי נאבד טהרת אפר פרה** בזמן האמוראים עד זמן אביי ורבא, כנזכר בתלמוד, ולכן לא נשתמשו מאז ואילך בעלית הפרד"ס. ומאז ואילך נשתמשו בשמושי עולם העשיה לבדה, ולהיותו עולם השפל מכולם, וגם כי המלאכים שבה מעוטן טוב ורובן רע, ולא עוד אלא שהטוב והרע מתדבקים יחד מאד, לכן אין בו השגה כלל, כי אי אפשר להשיג טוב לבדו ולכן מעורבת ההשגה בטוב ורע, אמת ושקר. **וזהו סוד ענין קבלה מעשית. ולכן אסור להשתמש בה, כי בהכרח יתדבק גם ברע המתדבק בטוב**, וחושב לטהר נפשו ומטנפה בסבת הרע ההוא, וגם אפילו שישיג, הוא אמת בתערובת שקר, ובפרט כי אין אפר פרה מצויה, וטומאת הקליפות מתדבקות באדם המתקרב להשיג על ידי קבלה מעשית, **ולכן שומר נפשו ירחק מהם**, כי מלבד שמטמא נפשו יענש בגהינם, ואף גם בעולם הזה, **קבלה בידינו כי יעני או הוא או זרעו או יחלה בחולאים הוא או זרעו או ישתמד הוא או זרעו**. וקח ראיה מרבי יוסף דילא ריינה, ורבי שלמה מולכו, שנשתמשו בקבלה מעשית ונאבדו מן העולם, וכל זה לסבה הנזכרת כי אין טוב בלתי רע, ולא עוד אלא שמכריחים אותן בעל כרחן על ידי השבעות, ואז מפתים אותן ומטין אותן לדרכים לא טובים, עד שמאבדים נפשם. **וגדולה מזו כי כל דרכי ההשבעות האלו העלימום הראשונים, ואין אנו בקיאים היטב בדרכיהן**, וראוי להתרחק מהם בתכלית

28

שלחן ערוך, יורה דעה, הלכות מעונן ומכשף סימן קע"ט סעיף ט"ו – אוחז את העינים אסור, ועל ידי **ספר יצירה מותר** (אפילו לעשות מעשה) (טור). וכותב **באר היטב** (י"א) **יצירה**. וכתב הלבוש אבל צריך לזה קדושה וטהרה, אשר לא נמצא זה בעוונותינו הרבים בדורות הללו, ועל זה נאמר ודאשתמש בתגא חלף, על כן **המונע יבורך**.

29

ע"ח ש"א ענף ד' די"ד ע"ג - ואמנם יש עוד דרך אחרת כדי להמשיך ולצייר בה הדברים העליונים, והם בחינת כתיבת צורת אותיות, כי כל אות ואות מורה על אור פרטי עליון, וגם תמונת זו דבר פשוט הוא, כי אין למעלה לא אות ולא נקודה, וגם זה דרך משל וציור לשכך את האוזן כנזכר. ולכן נבאר עתה הקדמה הנזכר על דרך ציור האותיות, גם כן ובבחי' ציורים אלו הן ציור האדם, והן ציור אותיות, שתיהן מוכרחים להבין ענין האורות העליונים, כאשר תראה ספרי הזוהר בנוים על שתי בחי' הציורים האלה עכ"ל.

30

בית לחם יהודה ש"ג פ"ב - אלף עם כולם, וכולם עם אלף. הוא צרוף הר"לא שערים הנזכר בפ"ב דספר יצירה משנה ד', וסדר הרל"א שערים הוא מבואר שם במפרשים.

31

גמרא ברכות דנ"ה ע"א – אמר רבי שמואל בר נחמני אמר רבי יונתן, בצלאל על שם חכמתו נקרא, בשעה שאמר לו הקדוש ברוך הוא למשה, לך אמור לו לבצלאל עשה לי משכן ארון וכלים, הלך משה והפך ואמר לו, עשה ארון וכלים ומשכן. אמר לו (בצלאל ל) משה רבינו, מנהגו של עולם אדם בונה בית, ואחר כך מכניס לתוכו כלים, ואתה אומר עשה לי ארון וכלים ומשכן, כלים שאני עושה להיכן אכניסם, שמא כך אמר לך

שהם סוד רל"א שערים ואחור המובא בספר ביצירה[32]. ושינוים אלו מראים את היחס שיש בין ספירה אחת לשניה, ובין פרצוף לפרצוף, **והם הם** הצרופים **גורמים השינוי** שיש בהנהגת העולמות, כי שינוי נעשה בכל רגע ורגע. כל צרוף של אותיות מורה על שפע מסוים[33], **שאין לך יום שדומה לחבירו** הכי לכל יום יש צרוף

הקב"ה - עשה משכן ארון וכלים. אמר לו (משה לבצלאל) שמא בצל אל היית וידעת. אמר רב יהודה אמר רב - **יודע היה בצלאל לצרף אותיות שנבראו בהן שמים וארץ.**

תיקוני הזהר, תיקון י"ג ע"א עם פרוש והסבר – **והמשכילים** אלו החכמים ומבינים את סוד ספר היצירה, שנקראים חכמי לב, כמו שכתוב בתורה כל חכם לב, והם ידעים את סוד ל"ב נתיבות חכמה, **בהון אשתמודעין אתוון** ונודע להם סוד האותיות שבהם נבראו שמים וארץ, כמו בצלאל, **דאתמר בהון** נאמר עם החכמים האלה, **יודע היה בצלאל לצרף אותיות שבהם נבראו שמים וארץ,** שמים הם סוד ז"א, וארץ היא סוד המלכות, כ"ב האותיות ועשר ספירות דזו"ן הם ל"ב נתיבות חכמה שבספר היצירה, ובאותה דרך שנאצלו ונבנו העולמות על ידי אותיות והספירות, כך עשה בצלאל ובנה את המשכן.

שם הגדולים לחיד"א, רבינו יצחק דמן עכו – כתב בסוף נובלות חכמה, דהיה תלמיד חבר ובעל סודו של הרמב"ן, וראיתי קונטרסים כתב יד ממנו מפעולות שהיה עושה על ידי חכמת הצרוף, ובאים אליו מלאכים ומגלים לו סודות ופעולות, ונודע דשורש פעולות השמות נמצאת בדור אחרון מהרב יצק דמן עכו.

32

ספר היצירה פ"ב משנה ד' - עשרים ושתים אותיות יסוד קבועות בגלגל, הרל"א שערים, וחוזר הגלגל פנים ואחור, וזהו סימן לדבר, אין בטובה למעלה מענ"ג, ואין ברעה למטה מנגע.

ספר היצירה פ"ב משנה ה' - כיצד שקלן והמירן, אל"ף עם כולם, וכולם עם אל"ף. בי"ת עם כולם, וכולם עם בי"ת, וחוזרת חלילה. נמצא כל היצור, וכל הדבור יוצא בשם אחד.

33

חכמת הצרוף וסוד קבלה מעשית נרמזה בגמרא במסכת שבת, ובספר היצירה מובא סוד החכמה הזאת.

גמרא שבת דק"ד ע"א – אמר רב חסדא מ"ם וסמ"ך (ם ס – שהם האותיות הסופיות) שבלוחות בנס היו עומדין (כי החקיקה בלוחות הייתה מצד לצד) , ואמר רב חסדא כתב שבלוחות נקרא מבפנים ונקרא מבחוץ, כגון (לדוגמה המילה) נבוב (נקראת מהצד השני) בובן, בהר רהב, סרו ורס, אמרי ליה רבנן לרבי יהושע בן לוי, אתו דרדקי האידנא לבי מדרשא (באו הילדים היום לבית המדרש), ואמרו מילי דאפילו בימי יהושע בן נו"ן לא איתמר כוותייהו (ואמרו דברים שאפילו בימי יהושע בן נון לא אמרו כמותם), אל"ף בי"ת (היא) אלף בינה, גימ"ל דל"ת (אותיות אלו מלמדות) גמול דלים מאי טעמא (מה הטעם) פשוטה כרעיה דגימ"ל לגבי דל"ת (מושטת רגלה של ג' לצד האחור של ד'), שכן דרכו של גומל חסדים לרוץ אחר דלים (לתמוך בהם), ומאי טעמא פשוטה כרעיה דדל"ת לגבי גימ"ל (מה הטעם שרגלה של הד' לתד ימין, שהוא לצד ג'), דלימציה ליה נפשיה (שהעני ימציא את עצמו לגומל החסדים, כדי שגומל החסדים לא יטרח בשביל העני) ומאי טעמא מהדר אפיה דדל"ת מגימ"ל (מדוע מחזיר ד' את פניו מאות ג'), דליתן ליה בצינעה כי היכי דלא ליכסיף מיניה (לתת את הצדקה בצינעה, כדי לא לביש את העני). ה"ו (הרומזות לזו"ן, באותיות הוי"ה). זה שמו של הקב"ה. ז"ח, ט"י, כ"ל, ואם אתה עושה כן (לומד תורה וגומל חסדים) הקב"ה **ז**ן אותך, ו**ח**ן אותך, ומ**ט**יב לך, ונותן לך ירושה, וקושר לך **כ**תר לעוה"ב. מ"ם פתוחה מ"ם סתומה (רומזים ל) מאמר פתוח, מאמר סתום. נו"ן כפופה נו"ן פשוטה (רומזות ל) נאמן כפוף (אדם נאמן בעולם הזה הוא עניו) נאמן פשוט (בעולם הבא הוא יהיה פשוט, כלומר זקוף). ס"ע (רומזות ל) **ס**מוך **ע**ניים. לישנא אחרינא (לשון אחר) **ס**ימנין **ע**שה בתורה, וקנה אותה. פ' כפופה פ' פשוטה (רומזות ל) **פה** פתוח (כאשר אין מי שידבר), **פה** סתום (כאשר יש גדולים ממך שהם ידברו). צד"י כפופה וצד"י פשוטה (רומזות ל) **צ**דיק כפוף (בעולם הזה), **צ**דיק פשוט (בעולם הבא). היינו (זה כמו) נאמן כפוף נאמן פשוט, הוסיף לך הכתוב כפיפה על כפיפתו, מכאן שנתנה התורה במנוד ראש (בענוה). קו"ף (רומז ל) **ק**דוש, רי"ש (רומז ל) **ר**שע. מאי טעמא מהדר אפיה דקו"ף מרי"ש (למה מוחזרות הפנים של ק' מהאות ר'), אמר הקדוש ברוך הוא אין אני יכול להסתכל ברשע, ומאי טעמא מהדרה תגיה דקו"ף לגבי רי"ש (מדוע מופנה התד של אות ק' לאות ר'), אמר הקדוש ברוך הוא אם חוזר בו אני קושר לו כתר כמותי, ומאי טעמא כרעיה דקו"ף תלויה (מדוע רגל אות ק' תלויה באויר ולא מחוברת לגג האות ק'), דאי הדר ביה ליעייל וליעול בהך (אם חוזר הרשע בתשובה נכנס בפתח זה של אות ק'). מסייע ליה לריש לקיש דאמר ר"ל מאי דכתיב (משלי ג) אם ללצים הוא יליץ ולענוים יתן חן, בא ליטמא פותחין לו, בא ליטהר

מסייעים אותו. שי"ן **שקר** תי"ו **אמת** (אות ת' היא האות האחרונה בא"ב, וגם במילה אמת). מאי טעמא שקר מקרבן מיליה (מדוע אותיות שק"ר קרובות בא"ב זה לזה) אמת מרחקא מיליה (ואותיות אמ"ת רחוקות זה מזה), שיקרא שכיח קושטא לא שכיח (שקר מצוי, והאמת נעדרת). ומאי טעמא שיקרא אחדא כרעיה קאי (מה הטעם שאותיות שק"ר עומדות על רגל אחת), ואמת מלבן לבוניה (ואותיות אמ"ת עומדות כמו לבנים), קושטא קאי (האמת עומדת), שיקרא לא קאי (שקר לא עומד). א"ת ב"ש (חלופי אותיות) **אותי תעב**, אתאוה לו, ב"ש **בי** לא חשק, **שמי** יחול עליו, ג"ר **גופו** טימא **ארחם** עליו, ד"ק **דלתותי** נעל **קרניו** לא אגדע, עד כאן מדת רשעים. אבל מדת צדיקים א"ת ב"ש אם **אתה בוש**, ג"ר ד"ק אם אתה עושה כן **גור בדוק** (הנשמה תהייה צרוררה ב"דוק" מתחת כסה הכבוד). ה"ץ ו"ף **חציצה הוי** בינך לאף ((חציצה בינך לבין כעסו של הקב"ה). ז"ע ח"ס ט"ן (האות ח' מתחלפת עם האות ה', האות ס' עם האות ש' ועם חילוף אותיות אלו המילה היא השט"ן), ואין אתה מזדעזע מן **השטן.** י"ם כ"ל אמר [שר של] גיהנם לפני הקדוש ברוך הוא רבונו של עולם **לים כל** (הגהינם נקרא ים, והוא רוצה את הכל). אמר הקב"ה אח"ס בט"ע גי"ף (סוג של חלופי ותמורות באותיות) אני חס עליהם מפני שבעטו בגי"ף (אותו סוג של חילוף). דכ"ץ **דכים** הם **כנים** הם **צדיקים** הם. הל"ק **אין לך חלק** בהן. ומרז"ן ש"ת, אמר גיהנם לפניו רבונו של עולם **מרי** זניני **מזרעו** של **שת**, אמר לו - א"ל ב"ם ג"ן ד"ס (סוג של חלופי ותמורת של אותיות), להיכן **אוליכן לגן הדס.** ה"ע ו"ף, אמר גיהנם לפני הקדוש ברוך הוא, רבונו של **העולם עיף** אנכי. ז"ץ ח"ק הללו (בני ישראל) **זרעו** של **יצחק.** ט"ר י"ש כ"ת, **טר** (שמור, מלשון נוטר) **יש לי כיתות** כיתות של עובדי כוכבים שאני נותן לך.

זהר תרומה דקנ"ט ע"א - מכאן רזין סתימין דבי משכנא, מפומא דבוצינא, משכנא עלאה אתבני על תריסר מרגליטין, שייפין עלאין, ימינא ושמאלא שמאלא וימינא, תלת שמהן אינון כלילן כחדא, ודא עייל בדא ודא עייל בדא. א"ל קדמאה ואתסדר בימינא, א' איהו קדמאה דאיהי ימינא, ואגלים ואתצייר ברזא דימינא, וכד עייל וקא משמש לגו, אתאחד בהדיה ל', ואקרי ברזא דיליה א"ל, דהא ל' מרזא דלעילא גו קדש הקדשים נפק, לאו דתמן אגלים, אלא ודאי כד נפק אגלים, כשאר אתוון דכד נפקו מרזא דעלמא דאתי אגלימו ואתציירו, אוף הכי האי ל', אף על גב דאיהו רזא דלעילא, לא אגלים עד דנפק לבר, וכדין א"ל ודא רזא דימינא. שמאלא כליל בגויה לימינא, ונטיל האי שמא לגביה, ואתכליל בהדיה, וכד אתכליל בהדיה אקרי איהו אלהי"ם. ואי תימא הא אקדים שמאלא ברזא דעלמא דאתי, ודאי הכי הוא, אלא כד נפקו דרגין ברזא דאתוון מגו עלמא דאתי, בעא שמא דא לאתחזאה ולאתבני, לאחזאה על ההוא אתר דנפיק מתמן, ואתבני שמא דא כגוונא דא, א"ל בקדמיתא בסטרא דימינא אתכליל גו שמאלא, ונטיל ליה שמאלא ואקרי אלהי"ם, ודא איהו רזא דימינא א"ל בשמא דאלהי"ם, ועל רזא דא בכל אתר דאיהו דינא, תמן איהו רחמי, דהא כליל איהו דינא, והא אתבני ואתחזי. ההוא דנפק מתמן אמצעיתא, נטיל לתרווייהו, ואשתלים ואקרי אלהינ"ו, הא הכא שלימו דאתחזי מרזא דעלמא עלאה, וכלא אתכליל דא בדא, כיון דהאי אמצעיתא אשתלים, שרא עליה שמא קדישא מפתחא דכלא דאקרי יהו"ה, וכדין נטיל לכל סטרין, עילא ותתא, ימינא ושמאלא, ולכל סטרין אחרנין. ועל דא, כד אשתלים מרזא דתרין סטרין מימינא ושמאלא, אקרי אלהינ"ו, הא הכא ימינא ושמאלא ואמצעיתא בכללא דשמא דא, ודא אתחזי ואתבני, רזא דאתוון נפקו מתמן, כגוונא דא אתבני ואתחזי כל חד וחד. הא אתכליל ימינא בשמאלא, ונטיל שמאלא שמא רזא דימינא, ימינא אן כליל בגויה שמאלא, למהוי נטיל ימינא רזא דשמאלא. אלא כד אתכליל ימינא בשמאלא, ונטיל שמאלא שמא דימינא, ימינא כליל בגויה שמאלא, שמ"א א"ל, ואיהו הי"ם. אמאי הכי, אלא בשעתא דאתבני ההוא אתר דנפקו מתמן, נטיל שמאלא תרין אתוון, וימינא נטיל חד מרזא דעלמא דאתי, שמאלא תרין, ואיהו הי"ם, כדין ימינא כליל בגויה לשמאלא, ונטיל לאת בתראה ם', ונטיל י' דהוה בשמאלא, ם' איהו בשלימו מ"ם, ואתבני הכי מים, בההוא י' דנטיל יתיר, כדין ימינא כליל ליה לשמאלא בגויה. לבתר אתבנון אתוון, א' דהוה בקדמיתא בסטרא דימינא, אוליד ואפיק את ש' כליל בתלת סטרין, ואשתתף באת א' ואתעביד אש. תו עאדו אתוון אלין, גו בטישו דתרין סטרין אלין, ואתקריבו כחדא במחלוקת, ומגו מחלוקת דא דמים באש ואש במים, אוליד אתוון ואפיקו את ר ואת ו ואת ח ואתעבידו רוח, ועאל בין תרין סטרין, וכדין אתיישבו אתוון קדמאי בדוכתייהו, כל חד וחד בשלימו. תו אתוון אעדו ואתגלגלו כחדא, א' אפיק מ', דאיהו מסטרא דיליה בימינא, דהא בימינא אתיישב, מ' אפיק ש', בגין דהא מ', כלילא איהי בקדמיתא הות משמאלא, ואתכליל לבתר בימינא, ואשתלים בתרין סטרין, כיון דאשתלים, אעדו ואולידו כחדא, ואתכללו בתרין סטרין. אתתקפו אתוון אמ"ש תלת אלין, ואעדו ואולידו תלת אחרנין גו גלגולא, מ' אתתקן ואעדי ואוליד ר', א' אעדי ואוליד ו', ש' אעדי ואוליד ח' ואשתכלל כלא. תו אעדו אתוון אלין רזא אמ"ש, ואתגלגלו

כמלקדמין, א' אעדי ואוליד ואפיק את ב' בסטרא דמערב, כדין אתיישב איהו בסטר דרום, מ' אעדי ואוליד ואפיק את ד' בסטרא דצפון, כדין אסתלק איהו בין צפון ודרום ותליא באוירא, ש' אעדי ואוליד ואפיק את ג', ואתיישב בסטרא דמזרח, ואיהו אסתלק בין מערב ומזרח ותליא באוירא, אשתכחו תרין אתוון מ"ש תליין באוירא. א' דאשתאר, אסתלק בדוכתיה, וסליק לעילא ואתעטר ביה י"ה, באלין אתתקף ואעדי ואוליד ה"ו וקאים בדוכתיה, כדין אתעטר ואנהיר ופשיט נהירו, ואוליד נהירו ואפיק את ט', בטישו דקא בטש ונהיר רזא דעלמא עלאה, בנהירו. כדין אסתלק א', ונטיל מגו אוירא מ"ש, ואתחברו בהדיה, והוו אמ"ש כמלקדמין, ואתיישב א' בסטרא דדרום, ש' בסטרא דמזרח, מ' בסטרא דצפון, סלקא ג' דהוה בסטרא דמזרח, ואעדי ואוליד צ"ת, אתא ב' דהוה בסטר מערב, וסליק ואתחבר בין צ"ת, סליקו א' ו', דא מסטר מערב (נ"א דרום), ודא מסטר מזרח, ואתחברו תרווייהו בהדי ב' בין צ"ת, ואנהיר שמא צבאות. כד אתנהיר שמא דא גו משכנא, אעדו אתוון ואולידו ז' ב' (נ"א כ) נ', סליקו אמ"ש כמלקדמין, ואעדו ואולידו ס' ע' פ'. אשתאר ק' יחידאי, וסלקא ונחתא, קיימא גו נוקבא דתהומא רבא, חמא לה קודשא בריך הוא דקא מתערבבא בלא גופא ולא ציורא, ולא עייל למשכנא, עבד לה חופאה למשכנא, ומאי ניהו, יריעות עזים לאהל על המשכן, כמה דאת אמר (שמות כו ז) ועשית יריעת עזים לאהל על המשכן, לאהל ולא אהל, קו"ף ולא אדם. תו אתגלגלו אתוון כמלקדמין גו עובדא דמשכנא אמ"ש, ש' אתגלגלא ואתיישבא בסטר מזרח, ואשתאר ג' תלייא באוירא, מ' אתגלגלא ואתיישבא בסטר צפון, ונפק ד' ואתחבר גו ש' בההוא סטרא, א אתגלגל ואתיישב וסליק לגבי י', וסלקא ואתתקפא בהדיה ונטיל ליה, ואתחבר גו בחבורא חדא שד"י, כד שמא דא אתתקן גו משכנא, כדין קיומא, וקיימא איהו מגו משכנא דלתתא. תו אתוון אתגלגלו כמלקדמין לאתיישבא משכנא, סליקו אתוון א' ברישא, ת' לבתר, א"ת, ב' ברישא ש' לבתר. אתחלפו אתוון אב"ג ית"ץ, אתגלגלו בגלופי קודשא א' ק', א' אפיק ק' לנטרא משכנא, ק' אפיק ר', ר' אפיק ע' קר"ע. רזא דא (בראשית כז טז) ואת עורות גדיי העזים הלבישה על ידיו ועל חלקת צואריו, כגוונא דא ועשית יריעת עזים לאהל על המשכן, דהא חולקא דא אצטריך לאחזאה לבר, לנטרא ההיא דלגאו, ועל רזא דא אלבישת ליה ליעקב לבר. קר"ע שט"ן, אתוון אינון רשימן לבר, בגין נטורא דמשכנא דאיהו רזא דברית קדישא, ואתפרעא ערלה לבתר בחופאה דא. תו אתגלגלו אתוון ואפיק א"ת ב"ש שקוצי"ת, בראשית ברא אלהי"ם את השמים ואת הארץ, והארץ היתה תהו וגו', בגלגולא דא והארץ היתה תהו ובהו באתוון קר"ע שט"ן, וחשך על פני תהום. ג' אפיק ר', ד' ק. עד הכא אתוון אתגלגלו, ובטישו דא בדא לתקונא גו משכנא אינון אמ"ש, ואפיקו תולדין ה' צ', ו' ף', אתוון דתליין גו אוירא, ובטישו באינון אחרנין, ואפיקו ציורא דמשכנא ז' ע'. עד הכא קיומא, וחשך על פני תהום, ח' כלהו בסטרוי, אתא ס' ואתחבר בהדיה, כדין יהי אור ויהי אור. אתגלגלו אתוון כמלקדמין אב"ג ית"ץ, אעדו ואולידו ואפיקו ציורא גו רזין דמשכנא, (ס"א בכללא) אתגלגלו חדא ברזא א"ל ב"ם, דהא את א' אעדי, ואוליד ברזא דחילא ותוקפא את ל', אתגבר בתוקפיה ואסתלק ביקריה, ואוליד את ב'. כדין אעדיאו ואולידו אתוון ואתחברו אחרנין אלין, א' אתחבר בגלופיה באת ב', כדין ט"ר בחבורא ט"ת, למהוי אתוון סלקין באתרייהו גו צרופא דרזא דמשכנא (שמות לה טז) את הכיור ואת כנו. יהי רקיע בתוך המים, דהא מיין סליקו ונחתו ברזא דאתוון א"ל, א' אפיק ו', ו' אפיק ק', את ל' סליק, ואתגליפו אתוון בגלופייהו בחבורא חדא, (תהלים כט ג) קול יהו"ה על המים א"ל וגו', אלין אתוון א"ל, דהא אלין אעדו ואולידו ואפיקו אתוון גו ציורין דמשכנא. אמ"ש אעדו ואולידו, ואתגליפו בגלופי רזין דאתוון, לאפקא ציורין דמשכנא, א' אפיק ג', ש' אפיק ן', לחברא גו ג' ברזא גן, תדשא הארץ דשא עשב וגו'. אתגלגלו אתוון כמלקדמין אמ"ש, ברזא ב"ם, באלין כנישו מיא לאתר חד, דכתיב יקוו המים מתחת השמים אל מקום אחד.

עיין בספר הפרד"ס לרמ"ק, שער כ"א, שער השמות פי"ג ופי"ד. ובשער ל', שער הצרוף.

ספר ביצירה פ"ב משנה ה' - כיצד צרפן שקלן והמירן א' עם כולם, וכולם עם א', ב' עם כולם וכולם עם ב', והוזרות חלילה, ונמצאות ברל"א שערים, ונמצא כל היצור וכל הדיבור יוצא משם אחד.

ספר ביצירה פ"ד משנה ט"ז - שתי אבנים (אותיות) בונות שני בתים, שלש אבנים בונות ששה בתים, ארבע אבנים בונות ארבעה ועשרים בתים, חמש אבנים בונות מאה ועשרים בתים, שש אבנים בונות שבע מאות ועשרים בתים, שבע אבנים בונות חמשת אלפים וארבעים בתים, מכאן ואילך צא וחשוב מה שאין הפה יכול לדבר, ואין האוזן יכולה לשמוע.

אחר[34], וגם לכל שעה ולכל רגע יש צרוף אחר, **ואין צדיק דומה לחבירו** לאו דווקא צדיק אלא כל אדם ואדם, כי כל אדם נולד לפי צרוף מסוים, ואין צרוף זה דומה לזה[35], **ואין בריה דומה לחבירתה** כי גם כל בריה ובריה[36] יש את הצרוף הפרטי שלה[37], וכל מלאך שונה ממלאך אחר[38], כי כל מלאך נברא על ידי צרוף פרטי שלו, **וכל הנבראים** מהדומם, צומח, חי, מדבר שהם בני נכר[39], וישראל **כולם לצורך גבוה** שכל

34

נהר שלום דכ"ד ע"ד - וצריך לידע חשבון השנים לפי סדר חשבון הספירות דפרצופי ו"ק דזו"ן, הנפרטים לשיתא אלפי שני דהוי עלמא, כדי לידע באיזה פרצוף היא אותה השנה, ובאיזו ספירה הוא אותו החדש, ובאיזו ספירה מחבת"ם דאותה הספירה הוא אותו שבוע, ובאיזה ספירה מו"ק דאותו שבוע הוא אותו היום, כדי לידע לברר ולהעלות הבירורים המתייחסים לכל יום ויום כראוי וכנכון, וכדי לידע לכוין בברכת המפיל והמעביר, וכל התפלות דאותו יום, שהם במוחין דפרצוף דיום שעבר, ולא דאותו יום שהוא עומד בו כנ"ל.
תרשים ב – כ"ה.

35

גם חוקרי המדע מסכימים עם התורה הקדושה, והם הגיעו למסכנה שאין אדם אחד דומה לחבריו, ולכל אדם יש טביעת אצבעות שונה מהשני, ולכל אחד יש את **הד.נ.ה.** הפרטי שלו, אפילו לתאומים יש הבדלים ושינוים לכל אחד ואחד.

36

מדובר באותו סוג של בריה, לדוגמה יתוש, אפילו שיש מיליארדי מיליארדים של יתושים, ומי יודע את מספר היתושים מבריאת העולם ועד היום, ועד בכלל, כל יתוש ויתוש הוא בריה בפני עצמה, וכל אחד ואחד שונה מהשני, ולכל אחד מהם יש את צרוף האותיות הפרטי שלו.

37

אפילו שלג!!!, כל חתיכת שלג שיורד מהשמים שונה מהאחר בצורתו, אף על פי שיורדים מיליארדים של חתיכות שלג.

38

גם הבריות הרוחניות נבראו לפי חכמת הצרוף.

39

גם הגויים הנמצאים בכל מדינות העולם, מחויבים לשמור חלק ממצות התורה הקדושה, שהם שבע מצות בני נח, ולדעת קצת מהחכמים חיבים בעוד מצות. וכאשר הם מקימים מצוות אלו, הם מבררים את הרפ"ח ניצוצין השיכים להם ולאותה מצוה פרטית, ובזה זוכים לבחינה מסוימת של עולם הבא, העולם הרוחני. וכן להפך.
גמרא סנהדרין דנ"ו ע"א – תנו רבנן שבע מצות נצטוו בני נח, דינין, וברכת השם, עבודה זרה, גילוי עריות, ושפיכות דמים, וגזל, ואבר מן החי. רבי חנניה בן (גמלא) אומר, אף על הדם מן החי. רבי חידקא אומר, אף על הסירוס. רבי שמעון אומר, אף על הכישוף, רבי יוסי אומר, כל האמור בפרשת כישוף בן נח מוזהר עליו. לא ימצא בך מעביר בנו ובתו באש קוסם קסמים, מעונן, ומנחש, ומכשף, וחובר חבר, ושואל אוב, וידעוני, ודורש אל המתים, וגו', ובגלל התועבות האלה הוי"ה אלהי"ך מוריש אותם מפניך, **ולא ענש אלא אם כן הזהיר**. רבי אלעזר אומר אף על הכלאים, מותרין בני נח ללבוש כלאים, ולזרוע כלאים, ואין אסורין אלא בהרבעת בהמה, ובהרכבת האילן. מנהני מילי, אמר רבי יוחנן דאמר קרא - ויצו הוי"ה אלהי"ם על האדם לאמר, מכל עץ הגן אכול תאכל, ויצו אלו הדינין, וכן הוא אומר - כי ידעתיו למען אשר יצוה את בניו וגו'. הוי"ה, זו ברכת השם, וכן הוא אומר - ונוקב שם הוי"ה מות יומת. אלהי"ם זו עבודת כוכבים, וכן הוא אומר - לא יהיה לך אלהי"ם אחרים. על האדם, זו שפיכות דמים, וכן הוא אומר - שופך דם האדם וגו'. לאמר, זו גילוי עריות, וכן הוא אומר - לאמר הן ישלח איש את אשתו והלכה מאתו, והיתה לאיש אחר. מכל עץ הגן, ולא גזל אכל תאכל, ולא אבר מן החי.
הרמב"ם, ספר שופטים, הלכות מלכים ומלחמות, פרק ט', הלכה א' – ששה דברים נצטווה אדם הראשון, על עבודה זרה, ועל ברכת השם, ועל שפיכות דמים, ועל גילוי עריות, ועל הגזל, ועל הדינים. אף על פי שכולן הן קבלה בידינו ממשה רבינו, והדעת נוטה להן מכלל דברי תורה יראה, שעל אלו נצטוה, הוסיף לנח אבר מן החי, שנאמר - אך בשר בנפשו דמו לא תאכלו. נמצאו שבע מצות. וכן היה הדבר בכל העולם עד אברהם, בא

אחד ואחד נברא לעבודת הבורא, **כי אין יניקת כולם שוה** כל אחד ואחד יונק שפע מהצרוף הפרטי שלו, **אף לא תיקון כולם שוה** כל בריה ובריה יש תיקון פרטי בעולם, **ותתקן החלבנה** שהריח שלה רע **בקטורת מה שלא תתקן הלבונה** שיש לה את הריח הכי טוב בקטורת[40], **לכן היה**

אברהם ונצטוה יתר על אלו במילה, והוא התפלל שחרית. ויצחק הפריש מעשר, והוסיף תפלה אחרת לפנות היום. ויעקב הוסיף גיד הנשה, והתפלל ערבית. ובמצרים נצטוה עמרם במצות יתירות. עד שבא משה רבינו ונשלמה תורה על ידו.

לקוטי שיחות לכ"ק אדמו"ר מלובביץ זצוק"ל, כרך ל"ג, שבועות, שיחה ג' – עד שיהיה ניכר ונגלה ב"כל באי עולם", שזה ישפיע ויפעול עליהם שיקיימו ז' מצות שלהם, שגם זה ניתן במתן תורה, כמו שכתב הרמב"ם - "וכן צוה משה רבינו מפי הגבורה לכוף את כל באי העולם לקבל מצות שנצטוו בני נח. כל המקבל שבע מצות ונזהר לעשותן **הרי זה מחסידי אומות העולם, ויש לו חלק לעולם הבא**, והוא שיקבל אותן ויעשה אותן מפני שצוה בהן הקדוש ברוך הוא בתורה, והודיענו על ידי משה רבינו שבני נח מקודם נצטוו בהן". **ועל ידי זה גם ממהרים ביאת משיח צדקנו**, שיתקן את העולם כולו לעבוד את ה' ביחד שנאמר - כי אז אהפוך אל עמים שפה ברורה לקרוא כולם בשם ה', ולעבדו שכם אחד, במהרה בימינו ממש.

[40] **גמרא שבת דע"ז ע"ב** – אמר רב יהודה, אמר רב, כל מה שברא הקדוש ברוך הוא בעולמו, לא ברא דבר אחד לבטלה.

גמרא כריתות ד"ו ע"א – אמר רבי חנא בר בזנא, אמר רבי שמעון חסידא - כל תענית שאין בה מפושעי ישראל, אינה תענית, שהרי חלבנה ריחה רע, ומנאה הכתוב עם סממני קטרת.

לקוטי תורה פרשת אמור ד"נ ע"ב – ולקחתם לכם ביום הראשון. **אתרוג** יש בו ריח וטעם, נגד בעלי תורה ומצות. **לולב** טעם ולא ריח, התמרים נגד בעלי תורה בלא מצות. **הדס** ריח ולא טעם, נגד בעלי מצות ולא תורה. **ערבה** לא ריח ולא טעם, נגד מי שאין בו לא תורה ולא מצות. לכן צוה לקשר ארבעתן, כדי **שיתקיימו אלו עם אלו**.

ויקרא רבא, פרק ל' י"ב – דבר אחר, פרי עץ הדר אלו ישראל, מה אתרוג זה יש בו טעם ויש בו ריח, כך ישראל יש בהם בני אדם שיש בהם תורה ויש בהם מעשים טובים. כפות תמרים אלו ישראל, מה התמרה הזו יש בו טעם. ואין בו ריח, כך הם ישראל יש בהם שיש בהם תורה ואין בהם מעשים טובים. וענף עץ עבות אלו ישראל, מה הדס יש בו ריח ואין בו טעם, כך ישראל יש בהם שיש בהם מעשים טובים, ואין בהם תורה. וערבי נחל אלו ישראל, מה ערבה זו אין בה טעם, ואין בה ריח, כך הם ישראל, יש בהם בני אדם שאין בהם לא תורה, ולא מעשים טובים. ומה הקדוש ברוך הוא עושה להם, לאבדן אי אפשר, אלא אמר הקדוש ברוך הוא יוקשרו כולם אגודה אחת, והן מכפרין אלו על אלו, ואם עשיתם כך, אותה שעה אני מתעלה. הדא הוא דכתיב - הבונה בשמים מעלותיו, ואימתי הוא מתעלה, כשהן עשויין אגודה אחת, שנאמר - ואגודתו על ארץ יסדה.

חסדי אבות, פרק ב' משנה ה', הלל אומר אל תפרוש מן הציבור – פירוש, אם תראה את הקהל המתפללים בבית הכנסת, רובה נקרא עליהם שם בור, ומעט נקרא עליהם שם צדיק. וזה רמז באותיות צבור, שהוא אות **צ'** ואותיות **בו"ר** מחוברים יחד, ונעשו צירוף **צבו"ר**, והצד"י הוא צדיק, ולא נתחברו כל אותיות צדיק, אלא רק אות **צ'** מן צדיק, להורות על המעטתם. אבל אותיות **בור** נתחברו כולם בצירוף צ"בור, להורות על רבויים. באופן שאתה רואה את הקהל רובם מן אנשים שנקרא עליהם שם בור, וקצתם אנשים שנקרא עליהם שם צדיק. ואל תאמר אפרוש מהם ולא אתפלל עמהם, אלא אתפלל יחיד בביתי, כדי שלא תתערב תפילתי עם אלו הבורים. לא תאמר כן, אלא אדרבא טוב לך שתתפלל עם אלו הציבור, ומה שתתערב תפלתך עם תפלת הבורים תועיל לך יותר, כמו שאמרו רז"ל - כל תפילה המתערבת עם תפילת פושעי ישראל תהיה רצויה יותר. שהרי חלבנה ריחה רע, ומנאה הכתוב עם סמני הקטורת, ולכן אם תפילתך תתערב עם תפילת הבורים שהיא נמאסת מצידה, יהיה חשיבות לתפילתך עם שאי אפשר שתהיה שלימה כראוי בלי שום מחסור, ועתה בהיותה מתערבת עם תפילת הבורים תתעלה, כי לא יהיה חסרונה ניכר, כי יהיה לה הכרעה לגבי אותה התפילה הגרועה. כמו שאמרו על פסוק – **כענבים במדבר מצאתי לי ישראל**.

ברכת הרי"ח, פרשת בא – ויהי בחצי הלילה והוי"ה הכה כל בכור בארץ מצרים מבכר פרעה הישב על כסאו עד בכור השבי אשר בבית הבור וכל בכור בהמה. הנה כאן זכר ארבעה מני בכורות, האחד בכור מצרים, הוא

צָרִיךְ בְּאֵלּוּ הָעוֹלָמוֹת הרוחניים והגשמיים **טוֹב, וָרָע וּבֵינוֹנִי**[41]**, וּבְכָל אֶחָד מִינִים** מהנבראים **לְאֵין קֵץ. וְהִנֵּה אֵלּוּ הַה' פַּרְצוּפִים שֶׁל עוֹלַם הָאֲצִילוּת, נִתְבָּאֲרוּ**

עמא דארעא. והאחד בכור פרעה, שהוא של המלך. והאחד בכור השבי. ואחד בכור בהמה. ונראה לי לפרש בס"ד, דהרג ארבע מיני בכורות הנזכרים כנגד כללות ישראל, שכולם נקראים בכורים, דכתיב - בני בכורי ישראל. והם יש בהם ארבעה מינים, שעליהם רומזים ארבעה מינים שבלולב כנודע. דהיינו, יש בהם שהם חכמים וגם עשירים. ויש בהם חכמים ולא עשירים. ויש שהם עשירים ולא חכמים. ויש שהם לא חכמים ולא עשירים. והנה בארבעה מני בכורות הנזכרים ניצול כל ישראל, שהם ארבעה מינים, וכולם הם נקראים בכורים.

41 **אח"י** – ציבור, ראשי תבות - **צ**דיקים, **י**שרים, **ב**נונים, **ור**שעים.

מדברי קודשו של הרב ז"ל בסוגיה הזאת, ניתן להבין כי כל הברואים מתקנים ועובדים את ה', כלומר גם בחינת הצדיקים שהם בעלי תורה, וגם הבינונים שהם בעלי מצות, וגם בחינת עמי ארצות, שאין בהם לא תורה ולא מצות, לצורך גבוהה הם, ולתיקון העולמות. יוצא שגם לרשע יש יעוד בעבודת ה', כי אפילו החלבונה מתקנת. אבל בשער המצות ובספר הליקוטים כותב הרב ז"ל הפך מה שכתב בסוגיה זאת, שרשע ועם הארץ יכולים לא לתקן, וגם לפעמים לקלקל. והרש"ש כותב כי לכל יהודי יש ייעוד בעולם, אפילו הוא רשע.

שער המצות פרשת עקב דמ"ג ע"א - ולכן האדם כשהוא אוכל צריך ליזהר בתכלית הזהירות, ואל יאכל כמו הבהמות והבעלי חיים, שאינן יודעין בין טוב לרע, ולכן הרבו והגדילו רז"ל בענין זה, וכאומרם שהשולחן דומה למזבח וזה לפי שהמזבח היה עושה ב' בחינות הנז', גם אמרו כי השולחן מכפר עונותיו של אדם, וכיוצא באלה מאמרים הרבים. ונמצא כי כיון שאפשר שיזדמנו במאכל ההוא איזה נפשות מגולגלים על עבירות שעשו, או אף גם במים ששותה, אם יזדמנו שם איזה מגולגלים, או אף אם אין שם שום נפש מגולגלת, זולתי הסיגים והקליפות אשר במאכל ההוא, שהיא הבחינה הא', אם יהיה האדם הזה האוכלם צדיק ות"ח, ודאי שלא די שלא יתערבו בו בנפשו, אלא אדרבא יתקנם ויברר האוכל מתוך הפסולת, ויתקן נפשות המגולגלים ההם, כמו שיתבאר. אבל אם האדם הוא רשע, או עם הארץ, לא די שאינו מתקן אותם, אלא אדרבא אפשר שע"י מעשיו פוגם ומקלקל את נפשות המגולגלים שם, או את המאכל ההוא, יותר ממה שהם פגומים מצד עצמם.

שער הליקוטים דפ"ח ע"א - ולרשע אמר אלהי"ם מה לך לספר חוקי וכו'. דע כי כל המעשים טובים שהאדם עושה בעודו רשע, או התורה שלומד, אין צריך לומר שאינו נותן כח בקדושה אלא אדרבה, מוסיף כח בקליפה, ועליו נאמר ולרשע אמר אלהים וכו' מה לך לספר חוקי, כלומר שאתה מכניס דברי קדושה בתוך הקליפה, ובזה מוסיף על חטאתו פשע וגדול עונו מנשוא. וכשחוזר בתשובה מוציא אותו הכח שניתן בתוך הקליפה ומכניסו בקדושה, ועל זה נאמר חיל בלע ויקיאנו וגו'. ולזה נקראת תשובה, שתשוב דברי הקדושה למקומה, ושכרו כפול ומכופל, שמכניע הקליפה בהוציאו את הקדושה מתוכה, ונותן כח אל הקדושה בהכניסו לתוכה, ובזה יובן מה שאמרו רז"ל - זדונות נעשו לו כזכיות.

רחובות הנהר ד"ג ע"ג - אמנם תיקון כולם עליונים ותחתונים תלוי בתיקון זו"ן דאצי', ותיקון זו"ן דאצי' תלוי ביד ישראל, הנק' בנים לזו"ן דאצי', (ע"ב) וע"י התפלות של ישראל מתבררים מבירורי המלכים דזו"ן, מבחי' העולמות ומבחינת הנשמות, שיעור קצוב בכל תפלה ותפלה, ומעלים אותם למ"ן, וכפי גודל כונתם, וזכותם, ומעשיהם, וזכות הזמן שבו נאמרה התפלה ההיא, כך גודל תיקונם להעלות ניצוצות רבים דמ"ן, אם בכמות אם באיכות, ובכל יום מעלים ניצוצות חדשות מחדש, ואין יום דומה לחבירו, ואין בריה דומה לחבירתה, ואין צדיק דומה לחבירו. וזהו גודל חיוב מצות התפלות והמצות, וכל אחד מתקן ומעלה כפי בחי' הראויה אליו, ותתקן החלבנה מה שלא תתקן הלבונה, ולכן הכל צריכים זו לזה, ולא יוכל שום אחד מישראל לעשות מה שיעשה חבירו, וכפי גודל הבירור שמתברר ועולה ניתוסף כח למעלה, ויורד שפע מלמעלה ע"י זווג העליונים, להשפיע בתחתונים, וע"י השפע היורד מוסיף כח בתחתונים ללקט ולברר ולהעלות מ"ן, כנזכר כל זה בפרקים הנ"ל.

שולחן ערוך, אורח חיים מ"ו ד' – צריך לברך בכל יום שלא עשני גוי, שלא עשני עבד, שלא עשני אישה.....מסביר **הט"ז** רצו להורות בזה שלא יטעה האדם לתלות ח"ו חיסרון בבריאת האדם, על שבורא עכו"ם, וכן בבריאת אישה. ובאמת יש בהן צורך אפילו בבריאת עכו"ם, שיצאו מהם גרים, כמ"ש בב"ק פרק

הם בחינת עולם **באד"ר, ובאד"ז, וז"ס בהבראם, בה' בראם**[42]**, כי כל הנבראים** פרטי, **היו בזוינת ה' פרצופים, הן באצילות, הן בבי"ע, וזה סוד ה' זעירא**[43] במילה בהבראם בספר תורה, שהיא אות זעירה[44] הרומזת לספירת המלכות[45]**, כי**[46] **כולם**[47] **יצאו** תחילה יצא

הפרה שחס הקדוש ברוך הוא על ב' אומות בשבל ב' פרידות טובות שעתיד לצאת מהם רות ונעמה. ובדבר זה יש לתרץ מה שקשה במה שראינו שברך הוא יתברך את אברהם על ידי הגר שיוליד י"ב נשיאים, וכי מה זו ברכה שיבואו הרבה כמותם לעולם הלא טוב יותר שיהיו רשעים מעטים. אלא שמתוך הרבוי יתרבו גרים. כמו שאמרו רז"ל הגלה הקב"ה את ישראל כדי שיתוספו עליהם גרים וכו'. וגם זה באשה שיש בה בריאה טובה שגם היא מקיימת קצת מצוות. על כן אמר כאן שנותן הודיה לו יתברך שלא עשאו עכו"ם, הורה בזה שיש צורך בריאה גם בעכו"ם וכל שכן באשה, אלא שזכה האדם שלא נברא הוא באופן אחר שהיה ג"כ צורך הבריאה. וזה, שלא עשני עכו"ם אבל לאחרים עשה, וכן באשה. וזה לא היה נרמז אם אמר שעשני ישראל, דהיינו אומרים שהבריאה למי שאינו ישראל אין בו צורך כלל. וגבי אשה היה מתורץ טפי דהוצרך להזכיר שיש מעלה גם בבריאת אשה, אלא שהוא לא נצטרך לאותה מעלה וכו'.

42

בראשית ב' ד' - אלה תולדות השמים והארץ בהבראם ביום עשות יהו"ה אלהים ארץ ושמים.
קהלת רבה פי"ב - ואמר רבי יצחק בר מריון - אלה תולדות השמים והארץ בהבראם, הוא בראן והוא משבחן, ומי מגנן, בוראן מקלסן, מי נותן בהן דפי, אלא הם נאים ומשבחים הם, שנאמר: אלה תולדות השמים והארץ. רבי פנחס בשם רבי לוי אמר: בהבראם, בה"א בראם.

43

לפי פשט דברי הרב ז"ל כאן כי האות **ה'** הזעירא בספר התורה רומזת לחמישה הפרצופים שבכל עולם עולם.

44

תרשים ב – כ"ו.

45

בתנ"ך יש שלושה סוגי אותיות, אותיות גדולות, בנוניות (שהם רוב האותיות) וקטנות. כל אות גדולה היא בבינה, אות בנונית בז"א, ואות קטנה היא במלכות.
זהר ויקהל דר"ה ע"ב עם תרגום והסבר - **אתוון זעירין** האותיות הקטנות, **אינון עשרין ותרין אתוון** הן עשרים ושתים אותיות, **דאינון בעלמא תתאה** שהן העולם התחתון, שהוא המלכות, **דאינון אל ברוך גדול דעה וכו'** שהן אל ברוך גדול דעה וכו', שאומרים בתפילת יוצר של שחרית דחול, **ולא אית בין תיבה לתיבה רווחא אחרא** ואין בין תיבה לתיבה רוח אחר, כלומר אין בין תיבה לתיבה רווח של תיבות אחרות **אלא את רשימא בכל תיבה ותיבה** אלא אות רשומה בכל תיבה ותיבה, כלומר **א**'ל **ב**'רוך **ג**'דול **ד**'עה וכו'. **ובעלמא עלאה** ובעולם העליון שהיא הבינה, **אית רווחא** יש רוח בין התיבות, כי בין א' לב' יש חמש תיבות, ובין אות ב' לג' יש חמש תיבות, ומהאותיות ג' עד ר', שהם ח"י אותיות יש ארבע תיבות בין אות לאות, והם סוד שם ע"ב, **וסטרין קדישין בין את לאת** והצדדים הקדושים בין אות לאות. **ודא איהו תושבחתא על תושבחתא** והשבח הזה של א"ל אדון על כל המעשים, **דאתוון עלאין דיומא שביעאה, קא משבח ואמר למלכא עלאה יוצר בראשית** שהאותיות העליונות של היום השביעי, שהם בבינה משבחות ואומרות למלך העליון, שהוא ספירת החכמה הנקראת ראשית, שהוא יוצר בראשית, כלומר בר"א שי"ת, בסוד כולם בחכמה עשית.
תרשים ב – כ"ז.

46

בית לחם יהודה ש"ג פ"ב - כי כולם יצאו מה' זעירא דמלכות דא"ק. כי אחר שנתקן עתיק היה אפשר לכל העולמות להתתקן, כי עתיק תיקן לא"א, וא"א לאו"א, ואו"א לזו"ן, וזו"ן לבי"ע, כמבואר בסוף פרק א' דשער התיקון . וכמ"ש באד"ר דקל"ה מכאן אוליפנא כל רישא דעמאדלא אתתקן איהו בקדמיתא לית עמא מתתקנא וכו', מנא לן מעתיק יומין דעד לא אתתקן הוא בתקונוי, לא אתתקנו כל אינון דבעו לאתתקנא וכו' ונמצא שכולם יצאו מסיבת ה' זעירא דא"ק.

47

עולם הנקודים **מה' זעירא דמלכות דא"ק, (אזור שנתמעטה) [אזור שנתפשטה]** צ"ל שנתפשטה **בסוד ז"ת שלה לבד** שהם הארת ז"ת דמלכות, **ואז היתה ראש** ונקרא עתיק **להם** ה' פרצופי האצילות **כנ"ל, לכן** חמש פרצופי האצילות **נרמזו בה' זעירא** שהיא בחינת מלכות דא"ק, וכל זה לפני התיקון, **והנה העשר ספירות דאצילות להיותם**[48] **לבושים** להארת ז"ת **למלכות דא"ק**[49]**, התחילו**[50] **בהם הסיגים**[51] שהם בחינת דינים, והם נבראו לצורך גבוהה,

---

שורש כל עולמות אבי"ע הוא בא"ק, וממלכות דא"ק הם יצאו, אחרי יציאת אורות אח"פ, יצא עולם הנקודים, ובעולם הנקודים היה מקרה המלכים, והוא עולם התוהו. וכאשר המאציל תיקן את עולם הנקודים, ונקרא עתה עולם הברודים, ותיקון זה נעשה כאשר השתתפה מלכות דא"ק עם חג"ת נה"י דא"ק בתיקונו. כללות התהליך היה כך, כמו כל עולם לא"ק יש עשר ספירות, תחילה יצאה חיצוניות מלכות דא"ק, וממנה נברא עולם הנקודים, בעולם זה נקרא גם עולם התוהו. עולם זה לא החזיק מעמד כמבואר בשער הנקודים, ונשבר. כדי לתקן את עולם הנקודים, הוציא המאציל את ז"א דא"ק, ותשע ספירות עליונות דמלכות דא"ק, וחיבור ז"א דא"ק עם כללות מלכות דא"ק, הוא התיקון של עולם הנקודים, ונקרא עכשיו עולם הברודים, וכל זה באופן כללי. באופן פרטי, כל אחד מישראל שעושה מצוה, תפילה ובעיקר תלמוד תורה מתקן פרט אחד מעולם הנקודים שנשבר, השייך לאותה תפילה, מצוה או תלמוד תורה. הזמן שקצבה חכמתו של המאציל יתברך לתיקון. כללות תיקון שברי הכלים והניצוצות הוא במשך שש אלף שנה, ובזמן זה יתוקנו כל הפרטים אשר בכל הבריאה על ידי בני ישראל, ואז בלע המות לנצח.

48

בית לחם יהודה ש"ג פ"ב - להיותם לבושין למלכות דא"ק. לבחינת הב"ן שבפנימיות א"ק קרי רז"ל מלכות דא"ק, (ולא לפרצוף עתיק שהוא מלכות דא"ק. יען כי בזמן המלכים עדין לא נתקן עתיק בי"ס, ולא היה כי אם בחינת כתר דנקודים בלבד) כי כל עולם הנקודים היו מלבישין על מלכות דא"ק, שהוא בחי' ב"ן הפנימי, שורש הדינים והגבורות משו"ה.

49

מלכות דא"ק עומדת מלבישה מחזה דא"ק ולמטה, ועולם האצילות מלביש את מלכות א"ק, כך יוצא כי עולם האצילות עומד מחזה דא"ק ולמטה.

תרשים ב – כ"ח.

50

בית לחם יהודה ש"ג פ"ב - התחילו בהם הסיגים. כלומר דבשלמא אם היו מלבישין על ז"א דא"ק, שהוא מ"ה, היו נתקנים קצת ע"י הארתו שמאיר בהם, מתוך פנימיות א"ק ולחוץ, ולא היו מתחילים בהם הסיגים הגורמים שבירת הכלים, אבל לפי שהיו מלבישין על הב"ן דא"ק, שהוא שורש הדינים והגבורות, וגם הנקודים עצמם הם בחי' ב"ן, שורש הדינים, ונמצא כי מבחוץ ומבפנים בחי' שורשי הדינים, משום הכי התחילו בהם הסיגים.

51

סגים הם בחינת פסולת, הכוונה היא שבחינת סיגים הם בחינת דין, סיגים אלו הם כח רוחני שהמאציל ברא להגביל את אור החסד, ובחינה זאת נקראת דין, והמלכות היא שורש הדינים, כמו שנרמז בגמרא דינא מלכותא דינא, אותיות דינא הם אותיות אדנ"י, ושם זה הוא במלכות, ומלכותא היא ספירת המלכות. הדינים הוא במלכות דא"ק, ובגלל שא"ק הוא מקום גבוהה ורוחני, הרב ז"ל לא רצה לקרוא למלכות דא"ק דין, לכן הוא העלים את בחינת הדין שבמלכות דא"ק וקרא לה סגים, בעולמות יותר תחתונים, שהם ענפי האצילות, הרב ז"ל קורא למלכות דין, ומן הענף אפשר ללמוד על השורש.

גמרא גיטין ד"י ע"ב - אמר שמואל דינא דמלכותא דינא.

שורש כל דבר שהוא נמצא בשורש הוא רק בכח ולא בפועל, ולא מראה את פעולותיו, וכאשר מלכות דא"ק הוציאה את פעולתה מהכח לפועל, נתגלו הסיגים שהם כוחות הדין. גלוי זה נראה בפועל ממש בעולם הנקודים, ששם הייתה בחינת מקרה המלכים. ואחר כך בעולמות אבי"ע שבהם מעורב הטוב ברע. תפקיד בני ישראל לברר את הטוב מהרע על ידי התורה, תפילה ומצות, ולעלות את הטוב לשורשו.

שהוא לעבודת ישראל ומתן שכר ועונש, **וּנְרמְזוּ** הספירות דעולם הנקודים בתורה **בְּאֵלֶּה הַמְּלָכִים**[52] **הַנִּזְכָּר בְּרֵאשִׁ אִדְּ"ר**[53]**, כִּי כּוּלָּם בְּנֵי מְלָכִים**[54]**.**

יש דין שהוא רצוי ויש דין שהוא לא רצוי, בדין הרצוי נמתק בשורשו, ובחינת הדין שלא רצוי הוא בחינת הקליפות, וכאשר בני ישראל לומדים תורה, מתפללים ועסקים במצות, מתבררים ניצוצות הקדושה שבתוך הקליפות שנפלו לבי"ע במקרה המלכים, ניצוצות הקדושה עולים לשורשם, והקליפות מתבטלות.

52

שבע המלכים הנזכרים בתורה ובאידרא רבא הם - בלע בן בעור, יובב בן זרח מבצרה, חשם מארץ התימני, הדד בן בדד, שמלה ממשרקה, שאול מרחבות הנהר, בעל חנן בן עכבור. המלך השמיני הוא **הדר**, בו לא נכתב מיתה, והוא רומז על עולם התיקון, ושם מ"ה החדש.

בראשית ל"ו, ל"א - ל"ט - ואלה המלכים אשר מלכו בארץ אדום לפני מלך מלך לבני ישראל. וימלך באדום **בלע בן בעור** ושם עירו דנהבה. וימת בלע וימלך תחתיו **יובב בן זרח מבצרה**. וימת יובב וימלך תחתיו **חשם מארץ התימני**. וימת חשם וימלך תחתיו **הדד בן בדד** המכה את מדין בשדה מואב ושם עירו עוית. וימת הדד וימלך תחתיו **שמלה ממשרקה**. וימת שמלה וימלך תחתיו **שאול מרחבות הנהר**. וימת שאול וימלך תחתיו **בעל חנן בן עכבור**. וימת בעל חנן בן עכבור וימלך תחתיו הדר ושם עירו פעו ושם אשתו מהיטבאל בת מטרד בת מי זהב.

ע"ח ש"ח פ"ד מ"ת דל"ח ע"ג - ודע כי כל אלו הם ענין המלכים הנזכר בפרשת וישלח, ואלה המלכים אשר מלכו בארץ אדום, וזה פרטן בלע בן בעור זה דעת, וכבר הודעתיך כי בלעם הוא בלע, כשארז"ל והוא בסוד דעת דקליפה, אשר ע"כ היה שקול באומות העולם כמשה בישראל, לפי שמשה בחינת דעת עליון דאבא שבז"א, והנה זהו הענין ויודע דעת עליון הנאמר בבלעם, שיצא מהסיגי דעת זה, כמבואר אצלינו במ"א באריכות. יובב הוא חסד, וזהו בן זרח לשון זריחה, כי הוא בחינת חסד הנקרא אור כנודע. חשם הוא גבורה כי הוא סוד ה"ג, ואותיות חשם הוא חמש, וס"ת חשם מארץ התמני מי"ץ, ור"ת חמה, והם סוד הפסוק כי מיץ חלב יוצא חמה, כי חמה וחמאה הם אותיות שוין, והם בחינת הגבורות שהם דם, ונהפכים בבטן המלאה לחלב, ומן אותו המיץ נעשה חמאה להאכיל התינוק. (והדד בן בדד הוא הת"ת ונקרא כן כמה שנודע, כי לפעמים אבא ויש"ס נעשים חד פרצוף, וכן בבינה ותבונה חד פרצוף, וזה מה שהיה תחלה מקום היסוד דבינה, הוא עתה מקום החזה של בחינת כל הפרצוף, ושם נעשו הדדים, וזהו הדד בן בדד ב"פ דד, שהם בחזה הת"ת, וכן אותיות בדד ב' דד, ובמות זה המלך צמקו דדי בינה, כדרך האשה שדדיה צומקים במות הילד שלה, והיא בחינת התפשטות הה"ג ביסוד אמא עלאה, כנזכר בפ"ו, שנפלו אז אשר הם דם, ונעשו חלב, ועתה צמקו). ושמלה ממשרקה (ובעל חנן בן עכבור) הם נ"ה, תרי פלגי גופא. והנה שאול מרחובות הנהר הוא יסוד, בסוד מה שהודעתיך כי יסוד בינה הוא רחב, להיותה נקבה, ונקרא רחובות הנהר, ור"ת שאול מרחובות הנהר משה, כי משה הוא יסוד דאבא כנ"ל, ושאול המלך היה מבחינה זו. וז"ש בשאול והנה הוא נחבא אל הכלים, פירוש כאשר נשברו אלו המלכים כמ"ש במ"א, כל האורות נסתלקו מתוכם, ונשארו מאנין תבירין, ולא נשארו בהם רק בחי' רפ"ח ניצוצין, כמ"ש בע"ה בשער מיוחד. ואמנם בכלי של היסוד נשאר אור אחד, זולת הרפ"ח ניצוצין כדי להחיות את כלי המלכות, דלית לה מגרמה כלום, וזה האור שנשאר שם בחינת שאול הנחבא אל הכלים, שם בכלי היסוד, מה שלא נשאר בכלי אחר, ולפי שהיה (שלא) בעת השבירה ומיתה, נקרא לשון מתחבא, כי הראוי היה שיסתלק גם הוא, ונשאר שם בהחבא, וסיבה זו היתה לצורך המלכות, לכן זכה שאול למלוכה והבן זה.

תרשים ב – כ"ט.

53

זהר נשא, אידרא רבא דקכ"ח ע"א פרוש והסבר – **הדא הוא דכתיב** וזה שכתוב, **ואלה המלכים אשר מלכו בארץ אדום לפני מלך מלך לבני ישראל. מלכא קדמאה** המלך הראשון שהוא מלכות דא"ק, **לבני ישראל קדמאה** קודם עולם התיקון הנקרא בני ישראל שיצא מא"ק הנקרא ישראל קדמאה, **וכלהו דגליפו** וכל מלכי אדום נחקקו בעולם הנקודים, **בשמהן אתקרון** ונקראים בשמות הכתובים בתורה שהם, בלע, יובב, חשם, הדד בן בדד, שמלה, שאול מרחובות הנהר וחנן בן עכבור, **ולא אתקיימו** ולא יתקימו ונשברו, **עד דאנח**

[הגהה] מקשה **למה** איך יתכן כי בכל י"ס לאצילות שהתחילו בהם הסיגים, נלע"ד לישב שהיו שלוש דרגות בשבירה, **שרמז** כי היה **פגם בעלמא בכתר**[55] כאשר רק אחורי נה"י דכתר נשבר, **וביטול בחו"ב** כאשר האחורים שלהם נפלו לקרקע האצילות, **ומיתה בז' מלכים** שהם נשברו, והכלים שלהם נפלו לבי"ע, **כי בזה הם י' וזה נודע בדרושים**, גם צריך לדעת כי זו"ן מקבלים מוחין מאו"א, ואו"א מא"א, וא"א מעתיק, ועתיק מהמדרגה שמעליו, עד[56] רום המעלות. וכאשר זו"ן נשברו, גם חלקי מוחין מאו"א, א"א ועתיק נפלו לבי"ע עם הכלים דזו"ן, ואנו מתקנים אותם ומעלים אותם לשורשם, כנזכר בסדור הרש"ש בכוונת שמע ישראל ועמידה. יוצא י בכולם היתה שבירה, וההבדל הוא בסוג האיכות ועוצמת השבירה. **ואמר סיגים דרך כלל לבד** ולא פירט בסוגיה זאת את מדרגות השבירה, **שהרי פגם וביטול ומיתה אינם בחינות שוות כנודע** כי אכות וכמות הסיגים שונה בן פרצוף לפרצוף, ובין ספירה לספירה, **וג' אלו נרמזו בזה. כי פגם בעלמא נרמז בכתר** ששם הדינים מועטים, שהם מותרי המוחא, **היינו השערות ונכפפים במקומן** כלומר בגלל

להו עד שהניח את הכלים שלהם בבי"ע, עד שיבוא זמן התיקון שלהם, **ואצנע להו** והצניע את האורות שלהם, שהם בחינת נשמתם בכח"ב דאצילות, **ולבתר זמנא** ולאחר זמן, כאשר הגיע זמן התיקון, **הוא אסתלק בההוא פרסא** עלו האורות שהיו מתחת הפרסה דא"ק, בסוד מ"ן, וגרמו לייחוד של חכמה ובינה דא"ק הנקרא ע"ב וס"ג דא"ק, וייחוד זה הוליד את שם מ"ה החדש, לתיקון **ואתתקן בתקונוי** וא"ק נתקן והתלבש בפרצופי האצילות.

54

המלכים שמלכו ומתו, נקראים בני מלכים, מפני שיצאו ממלכות דא"ק. מלכות דא"ק היא השורש, ועולם הנקודים הוא בחינת הענף היוצא מהשורש, לכן נקראים בני מלכים, גם בני ישראל שהם משורש זה נקראים בני מלכים. מלכים אלו מלכו בעולם הנקודים, כי עולם הנקודים נבנה מבחינת שם ב"ן שבו בחינת המלכות, מלכויות אלו שיצאו נקראים נקודות, כל מלכות נקראת נקודה, וכל זה לפני התיקון.

כלל – מלכות שלפני התיקון נקראת נקודה.

גמרא בבא מציעא דקי"ג ע"ב - דאמר אביי רשב"ג, ורבי שמעון, ורבי ישמעאל, ורבי עקיבא כולהו סבירא להו כל ישראל בני מלכים הן, רשב"ג דתנן לא את הלוף ולא את החרדל, רשב"ג מתיר בלוף מפני שהוא מאכל לעורבין, רבי שמעון דתנן בני מלכים סכין שמן וורד על גבי מכותיהן בשבת, שכן דרכן לסוך בחול, רבי שמעון אומר כל **ישראל בני מלכים**.

55

השמש [ג] – ביטול, ר"ל שבתחילה נקרא חו"ב, ועתה נקרא או"א, אבל אינו כמו ז"ק שבהם היה בחינת מיתה, שבתחילה נקרא בלע ועתה נקרא דעת, ושאין נזכר שם ראשון, משא"כ או"א שלפעמים נקראים חו"ב.

56

שער הפסוקים, וירא ד"י ע"א – ודע, כי אין זו"ן מזדווגים שום זווג כלל, עד שבתחילה יזדווגו או"א. וגם או"א אינם מזדווגים, עד שבתחילה יזדווג א"א מיניה וביה כנודע. וכן על דרך זה **עד רום המעלות, עד המאציל העליון הנקרא אין סוף**. ונמצא, כי בכל זווג תחתון דזו"ן, צריך שבראשונה יזדווגו הבחינות הראשונות המקבלות מא"ס. כי הא"ס לבדו יכול לחדש בכל יום תמיד אורות חדשים, אבל הנאצלים כולם, אין יכולת וכח בשום אחד מהם לחדש שום אור, עד שיקבלוהו תחלה מהא"ס. וממשיכים אותו בכל עת ממדרגה למדרגה, בבחינת הזווגים שלהם כנזכר. ואין כח בשום אחד מהנאצלים, רק מה שנתן להם לעצמם ולצרכם בעת שנאצלו, אבל לחדש אורות חדשים ולהוליד נשמות, אין בהם כח, עד שיקבלוהו מהאין סוף כנזכר. ואז ממשיכים השפע ההיא שקבלו מהא"ס, אל הבחינות שלמטה מהם, ואחר כך גם הם מזדווגים, והם ממשיכים השפע, אל אותם שלמטה מהם, וכן הדבר הולך ונמשך מזווג אל זווג, מן הבחינות הקרובות אל המאציל, עד זו"ן המקבלים השפע והכח מן או"א שלמעלה מהם, שקדמו להזדווג קודם שיזדווג הוא בנוקביה, וחזר להמשיך כח ושפע חדש מלמעלה, משורש התרין עיטרין שלהם, אשר למעלה למעלה, ונותנים אותם בסוד מוחין חדשים לזו"ן, ואז הם מזדווגים ומולידים בנים, על ידי שהוא ממשיך טיפת מ"ד, מן החסדים הראשונים שנמשכו לו בדעת שלו מחדש, וגם נוקביה נותנת טיפת מ"ן, ממה שנמשך לה מחדש בעיטרא דגבורה שבדעת שלה, ומב' טיפות אלו, נוצר הולד ברחם שלה.

מקומם הגבוהה של הדינים, שהוא בכתר, והכתר הוא בחינת תכלית החסדים, הדינים נכפים ומתבטלים במקום זה, **לכן נקרא** צ"ל נקראים **תיקונים, להורות שהיה בהם קלקול** שהוא הפגם בכתר, **וזהו נרמז כאן לקאמר** אחרי השבירה **והדרת פני זקן, דהיינו באמת המלך הדר** שהוא המלך השמיני, הנקרא מ"ה חדש, **דהיינו זהו זקן** שהם י"ג תיקוני דיקנא, ללמד אותנו כי צריך לתקן בחינה זאת שבכתר, כי הזקן הוא גם בחינת מותרי מוחא. **לכן שערות הראש דהיינו דיקנא נקראים תיקונים** וזה מורה שהיה שם קלקול **כנ"ל. וביטול אחורי או"א** שנפלו לקרקעית האצילות, **נרמז כי נפלו בפנים ואחור דנוקבא דז"א דאצילות, ולא נקרא או"א אלא על שם נוקבא דז"א** כי בהתחלה נקראו חכמה ובינה, **ונתבטל שמם (כ"א ונתבטלו שמה)** ונקראים עתה אבא ואימא. **ומיתה** ממש **נרמזת** בזו"ן **כי לא נקרא** שמם **בלע**, יובב, חשם, הדד, שמלה, שאול, בן חנן, **אלא דעת**, חסד, גבורה, תפארת, נצח, הוד, יסוד מלכות **וכו'**, כי הם מציאות אחרת של חבור מ"ה עם ב"ן, **וכבר נתבאר בדרושים** בשער השבירה **פגם וביטול ומיתה, וזה שכתבתי נרמז לבד במילת** ומציאות **הסיגים, בי"ס דאצילות** היו סיגים **כנ"ל, וכלל י"ס דאצילות הוא** ה' פרצופים שהם **א"א, או"א, זו"ן**, שבהם היתה השבירה.

בראשית ברא אלהים[57]**, [שהיא מלכות דא"ק הנקראת אלהים** כמו שחז"ל רמזו[58]**, ומכחה**[59] **נבראו שמים** ז"א דאצילות **וארץ** נוק' **דאצילות**[60]**], ומתחלה** הספירות דעולם הנקודים[61] **לא נתקנו, עד שיצא הדר מלך השמיני** שהוא הדר[62], מ"ה החדש, והוא

57

הרב ז"ל דורש ומפרש פסוק זה בסוד עמוק, לפי סוגיה זאת **בראשית** הוא א"ק וביותר פרטות חכמה דא"ק הנקראת ראשית, כמו שכתוב ה' בחכמה יסד ארץ, ברא את **אלהים** שהיא מלכות דא"ק. כלומר לפני שנאצל עולם האצילות, א"ק הוציא מהכח לפועל את המלכות שלו, והארת ז"ת דמלכות דא"ק היא מתלבשת ופועלת בעולם האצילות.

בראשית א' א' - בראשית ברא אלהים את השמים ואת הארץ.

משלי ג' י"ט – הוי"ה בחכמה יסד ארץ כונן שמים בתבונה.

58

גמרא מגילה ד"ט ע"א - ותניא אמר רבי יהודה, אף כשהתירו רבותינו יונית, לא התירו אלא בספר תורה, ומשום מעשה דתלמי המלך. דתניא מעשה בתלמי המלך, שכינס שבעים ושנים זקנים, והכניסן בשבעים ושנים בתים, ולא גילה להם על מה כינסן, ונכנס אצל כל אחד ואחד, ואמר להם כתבו לי תורת משה רבכם, נתן הקב"ה בלב כל אחד ואחד עצה, והסכימו כולן לדעת אחת, וכתבו לו **אלהים ברא בראשית.**

59

בית לחם יהודה ש"ג פ"ב - ומכחה נבראו שמים וארץ דאצילות. הם הז"מ דנקודים, שהם זו"ן בחי' שמים וארץ.

60

שמים וארץ הם בחינת זו"ן, שהם שבע ספירות, אבל לפי סוגית ההיכלות הם עשר ספירות.

61

תחילה המאציל ברא את עולם הנקודים בשם ב"ן, שהוא בחינת נוק' דא"ק, שהיא בחינת הדינים המונעים התפשטות אור החסד. ובבחינה זאת של שם ב"ן היה מקרה המלכים. אחר כך שיתף המאציל את ז"א דא"ק שהוא בחינת שם מ"ה. חיבור שם מ"ה עם ב"ן הוא בחינת עולם התיקון, שנקרא עולם האצילות. וסוד הפסוק ביום עשות הוי"ה (ז"א – מ"ה) אלהים (נוק' – ב"ן) ארץ ושמים.

62

מתקן את העולמות שנשברו[63], **(מבו"ה סא"א)** [די"ז ע"א 33] **שֵׁם**[64] **הוי"ה**[65], **והוא**[66] **תולדות היסוד**[67] **דא"ק** שהוא שם מ"ה החדש[68], **והמילה**[69] רומזת למלך הדר, וברית מילה עושים ביסוד, היא

בראשית ל"ו ל"ט - וימת בעל חנן בן עכבור וימלך תחתיו **הדר** ושם עירו פעו ושם אשתו מהיטבאל בת מטרד בת מי זהב.

63

תחילה יצאו שבע המלכים שמלכו ומתו וכולם הם בחינת שם ב"ן, ואחר כך יצא המלך הדר שהוא בחינת שם מ"ה החדש, וחיבור שם מ"ה עם ב"ן הוא תיקון העולמות. על זה רמזו חז"ל - רצה הקב"ה לברא את העולם במידת הדין, וראה שאינו מתקיים חזר ושתפה למדת הרחמים.

בראשית רבה יב ט"ו - הוי"ה אלהי"ם, למלך שהיו לו כוסות ריקים, אמר המלך אם אני נותן לתוכן חמין הם מתבקעים. צונן הם מקריסין. מה עשה המלך, ערב חמין בצונן, ונתן בהם ועמדו. כך אמר הקב"ה, אם בורא אני את העולם במידת הרחמים, הוי חטייה סגיאן. במידת הדין איהך העולם יכול לעמוד. אלא הרי אני בורא אותו במידת הדין ובמידת הרחמים, והלוואי יעמוד.

פסיקתא רבתי פ"מ - אמר רבי חנינא, כשבקש הקדוש ברוך הוא לבראות את עולמו, היה מסתכל במעשה הרשעים, ולא היה מבקש לבראות את העולם, דור אנוש, דור המבול, דור הפלגה ומעשה סדומיים. והקב"ה חוזר ומסתכל במעשה הצדיקים, באברהם, יצחק ויעקב כולהם, וחוזר ומסתכל ואומר, בשביל רשעים איני בורא את העולם, הריני בורא את העולם, ומי שהוא חוטא אינו קשה לרדותו בו, לפיכך היה מבקש לבראות את העולם בדין, ולא היה יכול בשביל הצדיקים, ומבקש לברתו ברחמים, ולא היה יכול בעבור מעשה הרשעים. מה עשה, שיתף מידת הדין ומידת הרחמים, וברא את העולם. שנאמר ביום עשות הוי"ה אלהי"ם ארץ ושמים.

כלי יקר - על בראשית ב' ד' - ביום עשות ה' אלהים ארץ ושמים. ולמעלה הקדים שמים לארץ, לפי שארז"ל **רצה הקב"ה לברא את העולם במידת הדין, וראה שאינו מתקיים חזר ושתפה למדת הרחמים.** והנה לא איש אל ויתנחם ומעיקרא מאי סבר, אלא שבאמת השמים וכל צבאם הרוחניים יכולין להתקיים במידת הדין יותר מן התחתונים, אשר בעפר יסודם, ע"כ האי לדסמוך ליה והאי לדסמוך ליה, כי למעלה הזכיר שם אלהים, וסמכו לאת השמים המרבה כל צבאם, כי המה נבראו במידת הדין לבד. וכאן הזכיר שיתוף של רחמים, וסמכו אל הארץ כי בעבור יושבי הארץ היה צריך לשיתוף זה. ועל שיתוף זה אמר המשורר **(תהלים ס"ב י"ב)** אחת דבר אלהים, שתים זו שמעתי וגו', כי מתחלה אחת דבר אלהים, ר"ל מדה אחת נזכרה בשם אלהים, באמרו בראשית ברא אלהים. ואח"כ שתים זו שמעתי וגו', שתי מדות, באמרו ביום עשות ה' אלהים. רמז לדבר, שתים **זו** עולה למספר כ"ו, כמספר שם של רחמים, וחלקו לשני פעמים י"ג כמספר אחד, ואהבה הכלולים בשם של רחמים, הסמוכים זה לזה בפסוק שמע ישראל וגו' ה' אחד, ואהבת וגו'. ונתן טעם לדבר למה לא בראו בשם אלהים לבד, כי עוז לאלהים, לפי שכל העוז והתוקף מתייחס לשם אלהים, ואין כח ביד נבראי מטה לקבל את כל מעשה תקפו וגבורתו יתברך כלל וכלל. אבל לך ה' חסד, כי לשם של רחמים הנקרא בשם של אדנות אליו החסד והרחמים, כי יבא הזמן שתרצה לשלם לאיש כמעשהו, כפי כח המקבל והעושה לא כפי כחו יתברך. ונקט לשון נוכח באמרו ולך ה' חסד, ולשון נסתר בשם אלהים, כי עוז לאלהים, כי בשעת הכעס שמדת הדין שולטת בעולם, נראה כאילו הסתיר ה' פניו מן הבריות, ובשעת החסד והרחמים יאר ה' פניו אלינו, וק"ל.

64

בית לחם יהודה ש"ג פ"ב - שם הוי"ה. כי תחלה נאמר ברא אלהים, ובזמן התיקון נאמר ביום עשות הוי"ה אלהים ארץ ושמים.

65

ז"א נקרא בדרך כלל שם הוי"ה, כי התפארת היא הספירה המרכזית בז"א, והיא נקראת הוי"ה.

66

בית לחם יהודה ש"ג פ"ב - הוא תולדת היסוד. הכא ס"ל לרז"ל דא"ק מתחלת אצילותו היה כלול מעסמ"ב, ולא כשאר דרושים, דס"ל שלא היה כלול כי אם מע"ב וס"ג בלבד, וכמו שהארכנו בזה בריש פרק א' דנקודים, ד"ה הוא בחי' ס"ג, יעו"ש. והמ"ה והב"ן שבו הם הז"ת שבו. ואלו הז"ת כל א' מהם הוא כלול מז"ת. ובחי' המלכיות של הז"ת הם הם בחי' הב"ן אשר יצאו מדרך העינים דא"ק, ומהם נתהווה עולם הנקודים, ובזמן

שניתנה ביום **ז'**, **והוא**[70] **הדרת פני [נ"א פנים]** צ"ל פנים **זקן**[71] שהוא יסוד דא"ק, **והוליד**[72] **טיפת הלובן**[73], **הנקרא חסדים**[74], **והטיל**[75] **במ"ן דמלכות שבו,**

התיקון נזדווגו בפנימיות הא"ק, הששה יסודות דו"ק דא"ק, עם בחי' יסוד הז' דז"ת דא"ק. ומזווגם יצא מלך הח' הדר, דרך המצח, ותיקן העולמות, וכמבואר כל זה בפרק ח' דשער השבירה, ובמ"ב דפרק ג' דשער התיקון, ועו"ש. ודלא כשאר דרושים שכתב דמ"ה החדש הוא יצא מזווג ע"ב וס"ג דא"ק. וזהו מ"ש הכא הוא תולדת היסוד וכו'. ועוד אפ"ל וגם שאר הדרושים ס"ל דא"ק מתחלת אצילותו היה כלול מעסמ"ב, כדהכא והענין הוא כי ע"י זווג החו"ב דא"ק, המשיכו מוחין לז"א דא"ק, ונזדווג עם המלכות שבו בפנימיות א"ק, והוליד בחי' הדר, שיצא ממצח א"ק, רק בחי' טנת"א. ובשער התיקון כתב זווג המוחין דא"ק בלבד, והשמיט זווג הזו"ן דא"ק. והכא ובמ"ב דפרק ג' דשער התיקון כתב, זווג היסוד דא"ק, והשמיט זווג המוחין דחו"ב דא"ק.

67

הרב ז"ל לא מזכיר את כל הו"ק דא"ק, אלא רק את היסוד דא"ק, ומובן הדבר כי ז"א כולל עשר ספירות, וכולם יצאו לתקן את עשר ספירות דנו"ק, כי כל ספירה משם מ"ה מתקנת את אותה ספירה משם ב"ן, השאלה היא למה הרב ז"ל מזכיר רק את יסוד דא"ק ולא את כל ז"א. התירוץ לזה הוא, היסוד כולל את כל הו"ק ומקבל שפע מכולם. עוד תרוץ שהביאו המפרשים, עיקר ההבדל בן גוף הזכר לגוף הנקבה הוא היסודות שלהם, כלומר לזכר ולנקבה יש את אותם רגלים, אותם ידים, אותם מספר אצבעות, ואותו גוף, ההבדל נראה רק בבחינת היסוד, כאשר יסוד הזכר הוא מגולה, ויסוד הנקבה הוא מוסתר.

68

השפע הראשון שיצא לעולם הנקודים יצא מחיצוניות שם ב"ן דא"ק, שהוא בחינת מלכות דא"ק, והם שבעת המלכים שמלכו ומתו הנזכרים בפרשת וישלח, ובעולם הנקודים קרה מקרה המלכים. השפע השני שיצא לתיקון מקרה המלכים, נקרא שם מ"ה, והוא בחינת מ"ה דא"ק, והוא המלך השמיני הנזכר בתורה בפרשת וישלח, ונקרא הדר.

69

בית לחם יהודה ש"ג פ"ב – מילה שניתנה בח'. כלומר ולא תקשה לך מאחר שהיסוד הוא ספירה ששית, למה המילה ניתנה בח'. והיינו טעמא לפי שהדר הוא מלך הח' כן כתב רז"ל בפרק ד' דשער ל"ג.

70

בית לחם יהודה ש"ג פ"ב - והוא הדרת פנים זקן. כלומר ומה שנקרא מלך הח' בשם הדר, ולא בשם יסוד, כדי לרמוז שהוא בחי' היסוד דדכורא, שיש לדכורא בחי' זקן, שהיא הדרת הפנים, והוא לשון הדר, משא"כ הנשים אעפ"י שיש להם יסוד, מ"מ אין להם זקן הנקרא הדרת פנים, כי כמו שיסודם שקוע, כן שערות זקנם שקועים ואינם יוצאים לחוץ.

71

כמו שיש זקן עליון בפנים של האדם, והוא נקרא הדרת פנים זקן, כך יש זקן תחתון, והוא נמצא סביב ליסוד של האדם, וגם הוא נקרא הדרת פנים של הזקן התחתון, אחד מהסימנים של הסריס שהוא אדם שלא יכול להביא ילדים, הוא שאין לא זקן, לא עליון ולא תחתון. ועיקר האדם הוא בעולם הוא להוליד ילדים, וזה הדרתו של האדם. הזקן התחתון נקרא – זקן תחתון, ונקרא הדרת פנים של מטה. והדרת פנים נקרא על שמו של המלך השמיני, הדר, שהוא בחינת יסוד דא"ק. כאן הרב ז"ל דורש על הזקן התחתון, הגמרא מסתירה את הזקן התחתון, ודורשת על הזקן העליון. והמלך השמיני הדר, שהוא בחינת יסוד דא"ק, בחיבורו עם מלכות דא"ק, הביא תולדות, והאציל את עולם האצילות.

חסדי דוד דמ"א ע"ב – א"ק יש בו עסמ"ב, והם טנת"א, וכל אחד כלול מכולם, עשר ספירות מ"ב דע"ב הם מתפשטים מראשו ועד רגליו, דהיינו ע"ב דע"ב עד האזן, ס"ג דע"ב מהאזן עד הטיבור, ומ"ה וב"ן דע"ב מהטיבור עד רגליו. ועסמ"ב דס"ג מלבישים לסמ"ב דע"ב, דהיינו מהאזן ועד רגליו. ועסמ"ב דמ"ה וב"ן מלבישין לסמ"ב דס"ג ולמ"ה וב"ן דע"ב, דהיינו מאזן דס"ג, ומטיבור דע"ב, זהו פנימיות דא"ק. וכולם הוציאו אורם לחוץ להלבישו, כי מע"ב דע"ב המגולה יצאו שערות הראש, שבהם תלויים כמה וכמה מיני עולמות הקודמים אל אבי"ע, ואין רשות לדבר בהם, אפילו בדרך משל, רק מהאזן ולמטה, וזה סוד לשכך את האזן,

כלומר, במערכת הפרצופים הוא זווג ו"ק דמ"ה עם עם הו"ק דב"ן שנקראת המלכות שבו. בסוגית הספירות הזווג הוא בין היסוד לעטרת היסוד שבו, שנקראת מלכות שבו. לא בנוק' דא"ק, שהיא פרצוף בפני עצמו. כלומר לפני שהיה יחוד בן ז"א דא"ק לנוק' דא"ק, ז"א דא"ק היה צריך לתקן את עצמו[76], והיה יחוד מניה וביה[77] (ממנו ובו), בין ו"ק דמ"ה

ואלו הלבישו מהקרקפתא עד האזנים דא"ק. ומע"ב דס"ג המגולה יצאו אורות אח"פ ושערות הזקן, והלבישו מהאזן עד הטיבור, וחיצוניות עסמ"ב דמ"ה וב"ן יצאו מהם נקודים וברודים דרך עינים ומצח דא"ק, והלבישו לא"ק מטיבור עד סוף רגליו, ועם חיצוניות עסמ"ב דב"ן יצאו חיצוניות סמ"ב, שהם נקודין תגין אותיות דס"ג. ולכן נקרא נקודים, יען שורשו נקודות דס"ג הנקרא נקודות דנקודות, ולכן הנקודות נקרא פעמים ב"ן ופעמים ס"ג. ועם חיצוניות עסמ"ב דמ"ה יצאו חיצוניות סמ"ב דע"ב. וטעם קריאת המ"ה ברודים, יען ב"ן הכולל היא תולדות מלכות דא"ק, וממנו הז' מלכים דמיתו, ולכן שם ב"ן נקרא נקודות, כי נקודות היא במלכות, ושם מ"ה הכולל הוא תולדות הז"א דא"ק, **שהתחלתו מהיסוד הנקרא הדר, כי הוא סוד הדרת פנים זקן, דהסריס אין לו זקן, והוא מלך הדר המחייה את המלכים**, וזהו ברודים כמו הדר.

גמרא שבת דקנ"ב ע"א – אמר ליה (אדם שהיה סריס) ההוא גוזאה (גוזאה – הוא סריס, אדם שלא יכול להביא ילדים) לרבי יהושע בן קרחה (שהיה קרח), מהכא לקרחינא כמה הוי (מה המרחק מכאן עד לקרחינא - מלשון קרחת), אמר ליה (ענה לו רבי יהושוע בן קרחה, באותה לשון) כמהכא לגוזניא (מכאן עד גוזניא - מלשון סריס), אמר ליה (הסריס) צדוקי (שהיה גם צדוקי), ברחא קרחא בארבעה (עז קרח נמכר בארבעה דינרים), אמר ליה (אמר לו רבי יהושוע), עיקרא שליפא בתמניא (שה שעקרו את הבצים שלו נמכר בשמנה דינרים), חזייה דלא סיים מסאניה (ראה הסריס שרבי יהושוע לא נועל נעלים), אמר ליה (אמר הסריס לרבי יהושוע), דעל סוס מלך דעל חמור בן חורין (הרוכב על סוס המלך, והרוכב על חמור, הם בני חורין), ודמנעלי בריגלוהי בר איניש (והנועל נעלים לפחות בן אדם הוא), דלא הא ולא הא (אבל אתה שאין לך לא סוס, ולא חמור, ולא נעלים), דחפיר וקביר טב מיניה (מי שנחפר לו קבר, ונקבר בתוכו, עדיף ממך), אמר ליה (אמר רבי יהושוע לסריס), גוזא גוזא (סריס סריס), תלת אמרת לי תלת שמעת (שלוש דברים אמרת לי, ועכשיו אתה תשמע שלוש דברים ממני), **הדרת פנים זקן** (יופי הפנים זה הזקן, ולסריס שלא יכול להוליד אין זקן), שמחת לב אשה (השמחה של האדם היא אישתו, שממנה הוא יכול להביא ילדים), נחלת ה' בנים (הנחלה שה' נותן לאדם הם הבנים), ברוך המקום שמנעך מכולם (ברוך ה' שמנע ממך גם זקן, גם אישה, וגם ילדים).
72

בית לחם יהודה ש"ג פ"ב - והוליד טיפת הלובן. קאי על היסוד שבפנימיות הא"ק, שהוא הוליד טיפת הלובן, שממנה נולד הדר דחיצוניות, שהוא מלך הח' המתקן את הז"מ.
73

גמרא נידה דל"א ע"א - תנו רבנן, שלשה שותפין יש באדם, הקב"ה ואביו ואמו, אביו **מזריע הלובן**, שממנו עצמות, וגידים, וציפרנים, ומוח שבראשו, ולובן שבעין. אמו **מזרעת אודם**, שממנו עור, ובשר, ושערות, ושחור שבעין. והקב"ה נותן בו רוח, ונשמה, וקלסתר פנים, וראיית העין, ושמיעת האוזן, ודבור פה, והלוך רגלים, ובינה, והשכל. וכיון שהגיע זמנו להפטר מן העולם, הקב"ה נוטל חלקו, וחלק אביו ואמו מניח לפניהם.
74

כלל – תמיד טיפת ההזרעה של הזכר נקרא לובן, וגם נקראת חסדים, או חמש חסדים , ה"ח. טיפת ההזרעה של הנקבה נקראת אודם, וגם נקראת גבורות, או חמש גבורות, ה"ג.
75

בית לחם יהודה ש"ג פ"ב - והטיל במ"ן דמלכות שבו. דקדק לומר במלכות שבו, לאשמעינן שהזווג הזה היה עם עטרת היסוד דמ"ה, הנקראת מהיטבאל, כמבואר במ"ב דפרק ג' דשער התיקון. והענין הוא כי הז"ת דא"ק, כל אחד מהם הוא כלול מז"ת, והמלכיות שבכל ספירה וספירה מהז"ת הם בחינת ב"ן הכללי דא"ק, והם הז"מ דמיתו, הנקראים מ"ה וב"ן דב"ן, כי ששה מלכיות דו"ק דא"ק, הם מ"ה דב"ן, ומלכות הז' היא ב"ן דב"ן דא"ק. ונשאר בפנימיות א"ק בחינת ו"ק של כל ספירה וספירה מהז"ת שבו. והנה הו"ק של הששה ספירות שסיומם הוא היסוד, הם אשר נזדווגו עם הו"ק של ספירה הז', והו"ק דו"ק נקראים מ"ה דמ"ה, והו"ק דספירה הז' נקראים ב"ן דמ"ה, ונקראים מהיטבאל ועטרת היסוד, כמבואר כל זה בפרק ח' דשער השבירה, ובמ"ב דפרק ג' דשער התיקון, יעו"ש. וזהו דקאמר הכא והטיל במ"ן דמלכות שבו וכו', ומאותו הזווג נולד הדר דחיציניות, שהוא מלך הח' שיצא לחוץ ותיקן את העולמות.
76

(שנקרא ישראל), לו"ק דב"ן (שנקראת לאה הגדולה), וכל זה בז"א דא"ק[78], כדי להוציא את הטיפה, ולתת אותה לנוק' שבו, **(נ"א מ"ד במ"ן במל' שבה) שהוא טיפת** ההזרעה של הנוק[79] נקראת **אודם,** והיא **ארץ**[80] **אדום** שהיא בחינת דין, **וכדין עלמין אתתקנו** אז העולמות נתקנו, **שהם ז' מלכים הכוללים** לפי סוגית ההיכלות **הי"ס דאצילות,** ומסביר הרב ז"ל **כי**[81] **ראשון כולל ג"ר, וכדין עלמא אתבסם** העולם התמתק, והסיגים התבטלו **בזווג יסוד** ז"א דא"ק **ומלכות** שהיא פרצוף נוק' דא"ק[82], ולא המלכות שבו **דא"ק** ונקרא בעומק זווג זו"ן דא"ק. **וזהו ביום עשות**[83] **ה'** שהוא ז"א דא"ק **אלהים** שהיא נוק' דא"ק, **ארץ** שהיא נוק' **ושמים** הוא ז"א[84], **שיתף רחמים** שהוא חיצוניות מ"ה דא"ק **בדין** שהוא חיצוניות ב"ן דא"ק, **ואז נתקן האצילות**[85], **גם**[86] הארת ז"ת של

בבא בתרא ד"ס ע"ב - קשוט עצמך, ואחר כך קשוט אחרים.
77

ע"ח ח"ב של"ט פי"ד דע"ח ע"א - נמצא שבתחלה מזדוג האדם מניה וביה, להוציא הטפה שלו ממוחין שלו, ואח"כ יורדת עד היסוד בו, ואז נותנה לאשתו ביסוד שלה.
78

מערכת זאת היא בפרצופים, כאשר זווג מינה וביה הוא זווג בין ישראל ולאה הגדולה, שהיא נקראת המלכות שבו. במערכת הספירות הזווג מינה וביה הוא בין היסוד לבין עטרת היסוד, שנקרא המלכות שבו.
תרשים ב – ל.
79

ויקרא י"ב ב' - דבר אל בני ישראל לאמר אשה כי תזריע וילדה זכר וטמאה שבעת ימים כימי נדת דותה תטמא.
80

ארץ רומזת למלכות.
סנהדרין דע"ד ע"ב – אמר אביי, אסתר קרקע עולם היתה.
כלל – כל מקום שמוזכרת המילה **ארץ**, אם בתנ"ך אם בחז"ל הכוונה היא למלכות.
81

בית לחם יהודה ש"ג פ"ב - כי ראשון כולל ג"ר, ר"ל כי העתיק שהוא ראשון דאצילות, הוא כולל ג"ר דנקודים, כלומר הוא נעשה מכח"ב דנקודים, ואו"כ כל הי"ס דאצילות לא נעשו כ"א מהז"מ בלבד. וזהו כפי אותה השיטה שכתב מהרח"ו ז"ל, בסוף פרק א' ובפרק ב' דשער המלכים, ובשער הקדמות די"ז, ובמבו"ש ד"כ ע"ג, יעו"ש.
82

נוק' דא"ק נקראת רחל עקרת הבית, או יעקב ורחל הגדולים.
83

איחוד ז"א דא"ק שהוא שם מ"ה החדש (שהוא חיצוניות עסמ"ב דמ"ה) שיוצא דרך המצח, עם מלכויות דשם ב"ן (חיצוניות ב"ן דב"ן) שנשברו בעולם הנקודים, ועם תשלום שם ב"ן (חיצוניות שהם עס"מ דב"ן) שיוצא דרך העיניים דא"ק, חבור שתי השפעים שהם חצוניות מ"ה וב"ן, כתר דמ"ה עם כתר דב"ן, חכמה דמ"ה עם חכמה דב"ן וכו', יצא עולם האצילות מתוקן, הנקרא עולם הברודים, או עולם האצילות החדש. ביחס לעולם הנקודים שיצא משפע של חיצוניות ב"ן בלבד.
84

שמים הם ז"א.
כלל – כל מקום שכתוב שמים, בתורה או בחז"ל הכוונה היא לז"א.
85

כאן הרב ז"ל מבאר בכללות איך ניתקן עולם האצילות, אבל פרטות תיקון האצילות מבואר בכל ספר עץ חיים, שהוא כולל את כל מעשה מרכבה.

הַמַּלְכוּת עַצְמָהּ דא"ק, שֶׁהִיא רֵאשִׁית דָאצִילוּת, וְהִיא עַתִּיק יוֹמִין, נִתְקְנָה[87] טִיפַּת אוֹדֶם שֶׁלָהּ על ידי שם מ"ה[88] [הַיְינוּ אוֹר ז"ת שֶׁלָהּ הַמִּתְלַבְּשֶׁת בי"ס דָאצִילוּת שהם הוולד של זו"ן דא"ק], וְעָלֶיהָ נֶאֱמַר בָּאד"ר דְקָל"ה ע"א[89], כָּל רֵישָׁא דְעַמָּא כל ראש[90] העם, דְלָא אִתְתְּקַן אִיהוּ בְּקַדְמֵיתָא שלא מתקן באתחלה, לֵית עַמָּא מִתַּתְּקַן אין העם יכול להתקן, וְאֵין[91] הַכַּוָונָה חז"ו עָלֶיהָ על מלכות דנוק' דא"ק עַצְמָהּ, רק על

---

[86]
בית לחם יהודה ש"ג פ"ב - גם המלכות עצמה דא"ק שהיא ראשית דאצילות, והיא עתיק יומין. הנעשת מג"ר דנקודים כמ"ש בדיבור הקודם.
[87]
בית לחם יהודה ש"ג פ"ב - נתקנה טפת אודם שלה. כי קודם התיקון היתה בבחינת ג"ר דנקודים בלבד, ולא היתה רוצה להתפשט עד סיום האצילות להתלבש תוך הז"מ, לפי שהיתה מבחינת דינים וגבורות דשם ב"ן, ואין מדה"ד רוצה להטיב לאחרים, ובזמן התיקון נתקנה טפת האודם שלה ע"י שם מ"ה, שהוא טפת הלובן, ועי"כ נתפשטו הג"ר, ונתוסף בהם ז"ת, ונתלבשו תוך הי"ס דאצילות.
[88]
תיקון האודם דמלכות דא"ק נעשה על ידי הלובן דיסוד דא"ק, ומחבורם נולד עולם האצילות. כמו בעולם הגשמי, חיבור הזכר שנותן את הלובן, עם הנקבה שנותנת את האודם, נולד ילד.
[89]
זהר אידרא רבא דקל"א ע"א עם תרגום והסבר- **תָּאנָא בְּצִנִיעוּתָא דְסִפְרָא** למדנו בספרא דצניעותא (בסוף זהר תרומה), **עַתִּיקָא דְעַתִּיקִין** שהוא א"ק, שהוא עתיק מכל הפרצופים העתיקים, **עַד לָא זְמִין תְקוּנֵי** עד שלא הזמין ותיקן את פרצופי האצילות, **בָּאנֵי מַלְכִין** היה בונה את המלכים, שהם מלכי אדום, והם סוד עולם הנקודים, **כְּנַס מַלְכִין** תחילה א"ק אסף את אורות מ"ה וב"ן, והעלה אותם מהטבור ולמעלה, **וּמְשַׁעֵר מַלְכִין** והיה משער את המלכים בשיעור קצוב, שהם האורות שיצאו דרך העינים, ודרך העינים יצאו חיצוניות שם ב"ן, וירדו מטבור דא"ק ולמטה, **וְלָא הֲווֹ מִתְקַיְימֵי** ומלכים אלו לא היו מתקמים ונשברו, **עַד דְדָחֵי לוֹן** ודחה אותם, את הכלים של המלכים, לעולמות בי"ע, ר"ל למקום שעתידין לעמוד עולמות בי"ע, **וְאַצְנַע לוֹן לְבָתָר זִמְנָא** והצניע את האורות לזמן אחר, שהוא לזמן התיקון. **הה"ד** זהו שכתוב - **וְאֵלֶּה הַמְּלָכִים אֲשֶׁר מָלְכוּ בְּאֶרֶץ אֱדוֹם, בְּאֶרֶץ אֱדוֹם** הרומזת על הדין, **בָּאֲתָר דְכָל דִּינִין מִתְקַיְימִין תַּמָּן** מקום שכל הדינים נמצאים ויוצאים משם, **וְכוּלְהוּ לָא אִתְקַיְימוּ** וכל המלכים לא נתקימו , ונשברו. **עַד דְרֵישָׁא חִיוָּורָא עַתִּיקָא דְעַתִּיקִין אַתְתְּקַן** עד שהראש הלבן שהוא עתיק (ועתיק הוא בעצם הארת ז"ת דמלכות דא"ק) ונקרא עתיק שבעתיקים, **כַּד אַתְתְּקַן** אחרי שהוא נתקן, **תַּקִין כָּל תִּקוּנִין דִלְתַתָּא** הוא תיקן את כל הפרצופים שלמטה ממנו, **תַּקִין כָּל תִּקוּנִין דְעֵלָאִין וְתַתָּאִין** ותיקן את כל הפרצופים העליונים שהם א"א או"ן. **מִכָּאן אוֹלִיפְנָא** מכאן למדנו, **כָּל רֵישָׁא דְעַמָּא** כל ראש ומנהיג של העם, **דְלָא אִתְתְּקַן הוּא בְּקַדְמֵיתָא** שלא נתקן הוא בהתחלה, **לֵית עַמָּא מִתַּתְּקְנָא הָעָם** אין העם יכולים להתקן, **וְאִי אִיהוּ מִתַּתְּקַן** כאשר הראש נתקן, **כּוּלְהוּ מִתַּתְּקְנָן** כולם מתקנים, **וְאִי אִיהוּ לָא מִתַּתְּקַן בְּקַדְמֵיתָא** ואם הוא לא מתקן את עצמו בהתחלה, **לָא יַכְלִין עַמָּא לְאִתְתַּקְנָא** לא יכולים העם להתקן. **מְנָלָן** מנין לנו דבר זה, **מֵעַתִּיק יוֹמִין** מפרצוף עתיק, שהוא הפרצוף הראשון שבעולם האצילות, והוא בחינת פנימיות הכתר, **דְעַד לָא אִתְתְּקַן הוּא בְּתִקּוּנֵוֹי** עד שהוא לא נתקן בתיקוניו, **לָא אִתְתַּקְנוּ כָּל אִינוּן דְבָעוּ לְאִתְתַּקְנָא** לא נתקנו כל אותם המלכים שצריכים להתיקון, **וְכֻלְּהוּ עָלְמִין אִתְחָרְבוּ** וכל העולמות שהם ז' מלכי אדום נחרבו ונשברו.
[90]
ראש עולם האצילות, שהוא עתיק. ועתיק הוא הארת ז"ת דמלכות דא"ק.
[91]
בית לחם יהודה ש"ג פ"ב - ואין הכוונה ח"ו עליה עצמה. כי היא לא נשברה ואין שייך לשון תיקון אלא בדבר המקולקל וכמו שכתוב מעות לא יוכל לתקן אלא מ"ש בזו כל רישא דעמא דלא אתתקן איהו בקדמיתא

הארת ז"ת שבה כמו שכתב בהגהה רב יעקב צמח[92]**, המתלבשים** לפי סוגית ההיכלות **בי"ס דאצילות, אך עצמות** שהם ז"ת דמלכות דנוק' דא"ק, **ממש ז"ת שבה נשארו**[93] **למעלה במקומו** צ"ל במקומם, **רק**[94] **ניצוצי אורם** שנקראים הארה, **הם היורדין להתלבש באצילות, ונקרא** הארת ז"ת דמלכות דא"ק, שהוא עתיק **רישא דעמא, ולכן נקרא** עתיק, שהוא הארת ז"ת דמלכות, **אנ"י**[95] שהיא מלכות, **ונקרא אי"ן**[96] שהוא הכתר[97], **ודא מלכות דא"ק, וכתר דאצילות, והבין** שהארת ז"ת דמלכות דא"ק, היא כתר דאצילות[98]**. וז"ש באדר"ז דרפ"ז** ע"ב[99] **ובג"ין**[100] **כך אקרי** בזהר א"ק נקרא **ע"ק**[101] (על שם הארת ד"ת דמלכות שלו, שהיא

וכו' הכוונה על הארת הז"ת שבה המתלבשים בי"ס דאצילות ולפי שמתלבשים בי"ס דאצילות שהיה בהם תיקון משו"ה גם בז"ת דעתיק נופל לשון תיקון.

92 **ע"ח ש"ג פ"א דט"ז ע"ג, צמח** – היינו הארת ז"ת לבד, ולא הם עצמן כנזכר בסוף דרוש ב'.

93 **בית לחם יהודה ש"ג פ"ב** - נשארו למעלה במקומו. שהוא במקום הכח"ב דנקודים, כי הכח"ב עצמם הם נעשו רישא דעתיק, כמ"ש לעיל. ומקומם הוא מחצי הת"ת דא"ק, עד שליש התחתון דת"ת דא"ק, כמ"ש בפרק א' דלעיל, בד"ה נשארו במקומם וכו', יעו"ש. ודבריו אלו הם דלא כמ"ש בפרק ב' דשער המלכים, דהתם כתב דכח"ב דנקודים הם נחלקו כל אחד לג' חלקים, ונעשו י"ס דעתיק, יעו"ש.

94 **בית לחם יהודה ש"ג פ"ב** - רק ניצוצי אורם וכו'. כי האצילות מלבישין כל נה"י דא"ק, והז"ת דעתיק שבג"ר דעתיק שמקומם הוא מטבורא דא"ק עד נה"י דא"ק, משלחין נצוצי אורם משם למטה במקום הנה"י דא"ק, ומתלבשין באצילות.

95 המלכות באופן כללי נקראת רחל. ונקראת אני. מילוי האותיות אנ"י הוא – **אלף נון יוד**, והוא בגמטריא רחל ע"ה. גם שם ב"ן שהוא יו"ד ה"ה ו"ו ה"ה, רומז במלכות, עם תשע האותיות של שם ב"ן הם ביחד גמטריה אנ"י.
אור עינים ח"ב אות א - נ, לרב אליעזר צבי סאפרין – אני הוא מלכות, בסוד ואני בתוך הגולה.

96 הכתר באופן כללי נקרא אין, בסוד והחכמה מאין תמצא, כלומר החכמה יוצאת מהאין שהוא הכתר. גם המילה **אין.** וריבוע של אין שהוא **א, אי, אין.** עם ריבוע מילוי אין שהוא – **אלף, אלף יוד, אלף יוד נון.** ועם האותיות, בגמטריה כתר.
איוב כ"ח י"ב - והחכמה **מאין** תמצא ואי זה מקום בינה.

97 מלכות של העולם העליון נקראת **אני**, מלשון גילוי, היא מתלבשת בכתר של העולם היותר תחתון ונקראת **אין**, מלשון הסתר. אותיות אנ"י ואי"ן הם אותם אותיות רק הם מתחלפות.
כלל – כל מקום שכתוב אני, הוא רמז למלכות.
כלל – כל מקום שכתוב אין, הוא רמז לכתר.

98 **פרקי אבות פ"ד משנה ט"ו** - רבי מתיא בן חרש אומר – הוי מקדים בשלום כל אדם. והוי זנב לאריות, (שהיא מלכות דא"ק) ואל תהי ראש לשועלים (שהוא כתר דאבי"ע).

99 **אידרא זוטא דרפ"ח ע"ב** עם תרגום והסבר - **ועל האי אקרי** ועל זה (על רדל"א, שהוא עתיק) אנו קוראים **ברח לך אל מקומך** ברח מלעיין ולחקור בו, כי אי אפשר להסיג אותו, **והחיות רצוא ושוב** כמו שחיות הקודש, שהם המלאכים רצות ושבות, כך השכל רץ לעיין ולחקור בו, ומיד צריך לחזור ולשוב לאחור, ולא

עתיק, כתר דעולם האצילות) **אין, דבי** צ"ל דביה, כלומר בו **תליא** תלוי **אי"ן** שהוא עתיק, והוא הארת ז"ת דמלכות דא"ק, המתלבשת בכתר דאצילות הנקרא אין, וממשיך הזהר[102] **בגין**[103] **דהאי חכמתא סתימאה** החכמה הסתומה של הכתר העליון, שהוא חב"ד דא"א, ובו מתלבשת גבורה דעתיק, **אקרי אי"ן** נקרא אין, **דביה תליא**[104] ובו תלוי הארת ז"ת דמלכות דא"ק, **דביה** לפי שהחכמה הסתומה שבו **מתפרש תלת זמנין כו'** מתחלקת שלש פעמים לארבע ארבע ארבע[105], **שהוא חכמה דא"ק**[106]**, המתלבשת בעתיקא** שהוא עתיק, **ושהוא כתר דאצילות, ואז נקרא** הכתר של האצילות, וכתר של כל עולם ועולם, ושל כל פרצוף ופרצוף **אי"ן. הרי אם ירצה המעיין**

להעמיק בו יותר, כי אי אפשר להסיג בו, **ובגין כך עתיקא קדישא אקרי אין** בגלל זה ע"ק נקרא אין, **דביה תלייא אין** ובו תלויה הארת ז"ת דמלכות דא"ק, הנקראת אני. כי הארת ז"ת דמלכות דא"ק שהיא עתיק, מתלבשת בכתר דאצילות.

100

בית לחם יהודה ש"ג פ"ב - ובגין כך אקרי ע"ק. שהוא עתיק.

101

ע"ק – עתיקא קדישא, לפי סוגיה זאת א"ק נקרא ע"ק. בדרך כלל שמדברים על עתיקא קדישא הוא כינוי שמתייחס או לעתיק או לאריך. אבל א"ק וא"א הם אותם בחינות, א"ק הוא בבחינת העולמות, וא"א הוא בבחינת הפרצופים.

ע"ח שט"ז פ"ה דפ"א ע"ג – כי א"ק הוא מציאות א"א.

רחובות הנהר ד"ט ע"ב - כבר נודע כי בחינת א"א המוזכר בדברי הרב ז"ל הוא בחינת א"ק, שהוא א"א הכולל ודוק.

102

אידרא זוטא דרפ"ח ע"ב עם תרגום והסבר - **בגין דהאי חכמתא סתימאה דביה** לפי שזאת החכמה הסתומא שבו, **מתפרש תלת זמנין לארבע ארבע** מתחלקת שלוש פעמים לארבע ארבע, **והוא עתיקא** וזה העתיק, **כליל לון** כולל אותם, **ושליט לון על כלא** ושולט כולם.

103

בית לחם יהודה ש"ג פ"ב – בגין דהאי חכמתא סתימאה דאקרי אין ביה תליא שהוא חכמה דא"ק המתלבשת בעתיקא וכו'. כצ"ל. בצ"ל. ור"ל וטעם שנקרא עתיק אין, בגין דהאי חכמתא שהיא חכמה דא"ק דאקרי אין, כמ"ש והחכמה מאין תמצא, ביה בעתיק תליא, ר"ל מלובשת כמ"ש בפרק א' דלעיל, בסוד כולם בחכמה עשית, כי אור החכמה דא"ק נתלבש במלכות דא"ק, שהוא עתיק, וזה המלכות ירדה ונתלבשה בסוד ז"ת שלה תוך י"ס דאצילות, ועו"ש. ופירוש אד"ז שכתב רז"ל הכא - נלע"ד שאינו כי אם אסמכתא בעלמא, אבל עיקר פירוש האד"ז הוא דחכמה סתימאה הוא חכמה דא"א, הנאחזת ונשרשת ברישא דעתיק, כמ"ש במבוא שערים דכ"ז ע"א, ועו"ש. ואינה חכמה דא"ק.

104

המילה תליא לא נמצאת בזהר שלנו, ונראה היא הוספה של הרב, כדי לפרש את הסוגיה.

105

ע"ח שי"ג פ"ה מ"ת דס"ב ע"ד - ונבאר הענין הנה הראש עליון הנקרא גולגלתא, רישא חוורא, הוא סוד הכתר דא"א, ויש בו י"ג תיקונים, שהם י"ג אותיות שבג' הויו"ת שבו, כנ"ל עם כללותן והם י"ג.

106

חכמתא סתמאה הוא מוסג שמתייחס לפרצוף א"א, והוא החכמה דא"א. כאן הרב ז"ל מיחס את חכמתא סתמאה לא"ק, וידוע כי א"ק הוא הכתר של בחינת העולמות, לעומת א"א שהוא הכתר דפרצופי האצילות. יוצא כי א"ק וא"א הם אותה בחינה, רק שאחד הוא בעולמות, ואחד בפרצופים, לפעמים הזהר והרב, כמו בסוגיה זאת ישתמשו במונח "חכמתא סתמאה" לא"ק, אבל ברוב המקומות מדובר על פרצוף א"א.

להעמיק בדברינו אלה, יסתכל היות[107] **א"ס פנימיות לעולמות** בבחינת היושר, ועל בחינת היושר מלבישים כל העולמות והפרצופים, **ומקיף**[108] הא"ס הסובב את **כל העולמות** בבחינת העגולים, ונקרא הא"ס הסובב, **ורגלי קומת א"ק המלביש את** כל קו **הא"ס, מבריחן**[109] **עד סיום כל העולמות אבי"ע**[110]**. ואצילות לבוש ל**הארת **ז"ת דמלכות שבו** שבא"ק, **וכל**[111] **בריאה לבוש ל**הארת **ז"ת דמלכות דאצילות, וכל היצירה לבוש ל**הארת **ז"ת** המלכות **דבריאה, וכל עשיה לבוש ל**הארת **ז"ת דמלכות דיצירה, והיה** לא גורסים והיה **(נ"א כי)** צ"ל כי **עקביים**[112] **דא"ק מתלבשים בי"ס דעשיה**

---

107 **בית לחם יהודה ש"ג פ"ב** - היות א"ס פנימיות לעולמות. הכוונה על קו א"ס ב"ה.

108 **בית לחם יהודה ש"ג פ"ב** - ומקיף כל העולמות. בבחינת אור א"ס של הצמצום.

109 **בית לחם יהודה ש"ג פ"ב** - מבריח עד סיום כל עולמות אבי"ע. מבואר בדברינו בריש פרק א' דלעיל.

110 בסוגיה זאת הרב ז"ל כותב כי א"ק הוא מלביש את קו היושר דא"ס, והוא מתלבש בכל העולמות וגם בעולמות בי"ע, בסוגיות אחרות הרב ז"ל כותב שרגלי א"ק מגיעים עד עגולי מלכות דעתיק מצד מטה, ולא מתלבשים בעולמות בי"ע. התרוץ לזה כי כאשר הרב ז"ל מדבר שע"ק מגיע עד עגולי מלכות דעתיק, הכוונה היא לעצמות א"ק. וכאשר הרב ז"ל מדבר על א"ק המתלבש בעולמות בי"ע, מדובר על הארת א"ק שמתלבשת בבי"ע.

ע"ח ש"א ענף ד' די"ד ע"א - והנה אחר שבארנו דרושי העגולים והיושר בקצרה בסדר התלבשות כל העולמות, צריכים אנו לבאר עתה עד היכן הגיע התפשטות רגלי א"ק (נ"א האדם) , שבכל עולם ועולם, כאשר התחלנו לבאר ענין זה בתחילת ענף זה. והנה מוכרח הוא כי קו הישר יהיה דבוק ממש בא"ס הסובב, וממנו מתפשט ויורד ומתלבש תוך פנימיות א"ק כנ"ל, ונמשך ומתפשט עד סיום רגלי א"ק הישר כנ"ל, שהוא ממש עד חצאי עיגולי עתיק יומין הסובבים תחת רגליו, עד שם מסתיימין רגלי היושר דא"ק. כי אם נאמר שרגלי א"ק הם מגיעים ומתפשטים עד למטה בתוך עיגולי עצמו עד סיומם וסופם, נמצא שחוזר ומתדבק עם עיגול הא"ס בחצי התחתון אשר תחת רגלי א"ק, ואם כך הוא נמצא כי הא"ס יאיר בו משם ולמטה דרך קו הישר, ולא יהיה בחי' מעלה ומטה משפיעים ומקבלים, וע"כ לא נמשך ראש הקו למטה כנ"ל, בענף ב'. והנה הכלל העולה בקיצור הוא זה כי רגלי א"ק דיושר הנה הם מתפשטים ונמשכים עד חציים התחתונים של עיגולים דע"י מצד מטה, באופן כי עיגולי ע"י מקיפים סביב רגלי יושר דא"ק. אמנם כל שאר הרגלים דיושר כגון רגלי עתיק ורגלי א"א ורגלי ז"א ורגלי נוקבא כולם מסתיימים בהשוואה א', והוא עד חצאי התחתונים של עיגולי א"א מצד מטה, באופן כי עיגולי א"א הם מקיפים וסובבים מתחת כל רגלי הנ"ל כולם.

ע"ח ש"ג פ"א דט"ז ע"ב – ראשונה כל הא"ס ב"ה מקיף את כל העולמות וגם הוא מוקף מהם, ומתלבש בתוכם, עד **סוף עולם האצילות**, ואינו נוגע ודבוק זולתי בעולם אצילות לבד, **ולא בבי"ע**, ולכן משם ולמטה ישתנה מהותם ויקראו בי"ע.

נהר שלום די"א ע"ד - הרי מבואר גם מזה, כי כל העולמות דא"ק ואבי"ע שוים במציאותם, ואי חילוק והפרש ביניהם כלל, וכל פרטי אורות וכלים דכל פרטי פרצופי האצילות, כולם נמצאים בבריאה, וכן ביצירה, וכן בעשיה, ואין חילוק ביניהם, רק במהות האור, אמנם כולם אלהות ואחדות גמור. כנז"ל.

111 **בית לחם יהודה ש"ג פ"ב** - וכל בריאה לבוש לז"ת דמלכות דאצילות וכו'. היינו אחר שירדה ונעשת ראש לשועלים, כמ"ש בסוף פרק א' דלעיל, וכן הענין במלכות דבריאה ודיצירה, כמבואר בשער הקדמות דע"ד ע"ב, כי ד' עולמות הם כדמיון ד' בתים זעג"ז כמ"ש בפרק י"ד דשער מ"ב.

112

עולם העשיה עומד בערך א"ק בעקביים דא"ק[113], **וכל אזות** מהספירות דעשיה **כלולה מק'** ממאה ספירות[114], **הרי אלף יומין דזוול** כי כל ספירה נקראת יום[115], ובעולם העשיה יש בכללות אלף ספירות,

---

הגהות ובאורים (א) – עיין בתו"ח דרמ"ט סע"א.

113

תרשים ב – ל"א.

להבין את דברי קודשו של הרב, צריך להבין את סוד הפסוק **"ומלכותו בכל משלה"**, צריך לדעת כי א"ק (גם כל עולם, כל פרצוף, כל ספירה, או כל שעור קומה) מתחלק לג' חלקים הנקראים חב"ד, חג"ת, נה"י. וקו הא"ס מתלבש בכל א"ק.

תרשים ב – ל"ב.

גם צריך לדעת כי כל אחד מג' החלקים מתחלק לג' חלקים פרטים, הנקראים חב"ד, חג"ת, נה"י של אותו חלק. יוצא שיש חב"ד, חג"ת, נה"י דחב"ד. חב"ד, חג"ת, נה"י דחג"ת. חב"ד, חג"ת, נה"י דנה"י. כאשר הנה"י דנה"י נקרא גם כן בלשון הרב ז"ל – ירך, רגל ועקב.

תרשים ב – ל"ג.

גם כל חלק מג' חלקי חב"ד, חג"ת, נה"י דכל חלקי חב"ד, חג"ת, נה"י מתחלקים לג' חלקים יותר פרטים. הנקראים חב"ד, חג"ת, נה"י דחב"ד דחב"ד. חב"ד, חג"ת, נה"י דחג"ת דחב"ד. חב"ד, חג"ת, נה"י דנה"י דחב"ד. חב"ד, חג"ת, נה"י דחב"ד דחג"ת. חב"ד, חג"ת, נה"י דחג"ת דחג"ת. חב"ד, חג"ת, נה"י דנה"י דחג"ת. חב"ד, חג"ת, נה"י דחב"ד דנה"י. חב"ד, חג"ת, נה"י דחג"ת דנה"י. חב"ד, חג"ת, נה"י דנה"י דנה"י.

תרשים ב – ל"ד.

וכך הולכים ונפרטים כל העולמות, פרצופים וספירות עד אין מספר. יוצא מזה כי הבריאה הכי פחותה, הנמצאת במדרגה הכי נמוכה בבריאה, גם היא נאחזת בעקב דא"ק, אשר הוא מלביש את קו הא"ס. ומכל זה יוצא כי ניצוץ מהא"ס מתלבש בכל חלק וחלק של כל הבריאה. וזה סוד ומלכותו בכל משלה.

כך האצילות מלביש את נה"י א"ק. ובריאה מלבישה את נה"י דאצילות, שהוא נה"י דנה"י דא"ק. ויצירה מלבישה את נה"י דבריאה, שהיא נה"י דאצילות, ונה"י דנה"י דנה"י דא"ק. ועשיה מלבישה את נה"י דיצירה, והיא נה"י דנה"י דבריאה, ונה"י דנה"י דנה"י דאצילות, והיא נה"י דנה"י דנה"י דנה"י דא"ק.

כלל - כל שעור קומה תחתון מלביש את הנה"י של השעור קומה שמעליו, (כאשר הכתר של השעור קומה התחתון מלביש את השליש התחתון, או את שני השלישים התחתונים של השעור הקומה העליון).

תרשים ב – ל"ה.

הכתר של העולם התחתון נעשה ומלביש את שליש התפארת של העולם העליון, בסוד עוטר ישראל בתפארה, הפרוש הוא – שעור קומה העליון **עוטר**, כלומר עושה כתר (כי כתר הוא עטרה), **לישראל**, שהוא ז"א, כי שעור קומה תחתון הוא ז"א בערך השעור הקומה העליון, **בתפארה** – הכוונה לספירת התפארת.

תרשים ב – ל"ו.

114

לעולם העשיה עשר ספירות, ובפרטות כל ספירה כלולה מעשר ספירות פרטיות, ובפרטי פרטות כל ספירה שבעשר הספירות שבכל ספירה, יש עשר ספירות פרטיות, יוצא שיש מאה ספירות פרטיות לכל ספירה וספירה של עולם העשיה (ולא רק בעולם העשיה, אלא בכל פרט ופרט בעולמות ובפרצופים מתחלק בצורה זאת, ויותר).

115

לפעמים הזהר הקדוש מכנה את הספירות בכינוי ימים, וספירה בכינוי יום.

זהר פקודי דרכ"ז ע"ב עם תרגום וביאור - **כמה דאית אלף יומין דקדושה** כמו שיש אלף ימים של קדושה, שהם עשר ספירות כלליות, שכל אחת מהספירות הכלליות כלולה מעשר ספירות פרטיות, וביחד הם מאה ספירות, וכל אחת מהמאה ספירות כלולה מעשר ספירות שהם יותר פרטיות, ביחד הם אלף ספירות, **הכי נמי אלף יומין לסטרא אחרא** כמו כן יש אלף ספירות לס"א, שהם אלף הספירות דקליפת נוגה, והם סוד אלף הנשים ששלמה המלך לקח, כדי לתקן אותם, ולא הצליח.

ועולם העשיה רובו רע[116], **כִּי שָׁם הַקְּלִיפּוֹת כּוּלָם** כי כאשר הקליפות נכנסים לקודש, הם עושים אותו חול, והוא סוד חילול שבת[117], **וּבְהִשְׁתַּלֵּם לְהִזְדַּכֵּךְ וּלְהִתְבָּרֵר**[118] **הָאוֹר מֵעוֹלַם הָעֲשִׂיָּה** ויצירה ובריאה, שהם חלקי הרפ"ח נצוצין והכלים שנפלו במקרה המלכים[119] לבי"ע, ויחזרו כולם לקדושה, שהוא עולם האצילות, **שֶׁהוּא יְסוֹד** צ"ל סוד **יַעֲקֹב**[120] כי אצילות בערך א"ק היא כמו יעקב בערך ישראל[121], **י׳ עָקֵב**

116

ע"ח ח"ב הקדמה לשער מ"ג דצ"ה ע"ב - וגם תדע חילוק אחר שבבי"ע זולת אשר נקרא עולם הפירוד, כי מבחינת הרוחין שבהן מתחיל הפירוד שאינם אלהות כנ"ל, גם יש שינוי אחר, שבאצילות אפילו הלבושים נקרא אלהות וקדושה, אך בבי"ע יש חילוק בין הכלים ולבושים, כי יש כלים ולבושים מסטרא דקדושה, ויש לבושין מסטרא דמסאבתא, המלביש על כולם, ולכן ג' עולמות אלו נקרא עץ הדעת טוב ורע, לכן המלכות דאצילות בהתמעטה וירדה להתלבש בתוכם, אז נקרא עץ הדעת טוב ורע, והבן זה. והוא בהיות רגליה יורדת מות, אל המקום אשר המות נמצא שם בלבושים, והנה לבושי דבריאה דמסאבא, מקיפים על כל לבושי דכייא דבריאה, וכן לבושין דיצירה ועשיה, וההפרש הוא שבבריאה **הקליפה מועטת מן הקדושה**, ונפרדת ואינה נדבקת, וביצירה **הקליפה והקדושה בשיקול אחד**, ואינן מתערבים, ובעשיה **הקליפה מרובה על הקדושה**, ומעורבים טוב ורע בבחינת הלבושים ולא בבחינת הכלים והעצמות ח"ו, והבן זה היטב, ואל תטעה.

ע"ח ח"ב שמ"ט פ"ו דקי"ג ע"א - כי בבריאה רובו טוב, וביצירה בינוני, ובעשיה רובו רע.

117

בימי החול הקדושה נמצאת בתוך הקליפות, כדי לברר ולעלות את רפ"ח הנצוצין, ביום שבת הקדושה עולה, ויש רווח בין הקדושה לקליפות, ואם אדם עובר עברה בשבת הקשורה בחלול שבת, הוא גורם לקדושה להיכנס בחזרה בתוך החול, שהם הקליפות, וזה סוד חילול שבת, שאדם זה גורם להפוך את הקדושה לחול.

ע"ח שי"ט פ"ג מ"ת דצ"א ע"ד - גם דע כי הנה נתבאר בענין שבת, כי כל אחיזת הקליפות ביום השבת הם בנה"י, שהם רגלין דז"א בלבד, אשר הם מתעלין ביום השבת למעלה ממקומם, ואז נשאר מקום פנוי וחלל, בסוד מחלליה מות יומת.

118

בית לחם יהודה ש"ג פ"ב – ולהתברר האור מעולם העשיה. כלומר גם מעולם העשיה שבסוף העולמות כי קליפת הנוגה דעשיה קשה להתברר.

119

כאשר המלכים דעולם הנקודים נשברו, האורות שלהם נשארו באצילות, הכלים ירדו לעולמות בי"ע, כאשר הכלי הפנימי נפל לעולם הבריאה, הכלי האמצעי לעולם היצירה, והכלי החיצון לעולם העשיה. בתוך הכלים שנפלו לעולמות בי"ע נשאר נצוצות כדי לחיותם, והם סוד הבלא דגרמי.

ע"ח ח"ב שמ"ט פ"ו דקי"ג ע"א - והנה כל ההיכלות דבי"ע הם סוד חשמ"ל, והנה נתבאר שבכל אחד ואחד מהן יש ג' כלים, פנימים בבריאה, אמצעים ביצירה, חיצונים בעשיה.

120

הגהות ובאורים – נלענ"ד שזה סוד וידו אוחזת בעקב עשו, ר"ל וידו שהוא אות יו"ד של יעקב, אוחזת בעקב דא"ק שאוחז בו עשו שהוא עולם עשיה, עולם הקליפה, וכשנשלם הבירור של יעקב אז יבוא משיחא, ואז יצא לחוץ היו"ד עם העקב, ואז נאמר והיה בית יעקב לאש כו', ובית עשו לקש, שיצא יעקב הנזכר וישרוף כל הקליפה, ואז בלע המות לנצח.

121

עולם האצילות נקרא יעקב, שהוא בחינת עטרת היסוד דז"א, ביחס לעולם א"ק, שהוא נקרא ישראל ביחס לאצילות, והוא ז"א ביחס לעטרת היסוד.

ע"ח ש"ו פ"א דכ"ד ע"ג – ופירוש הענין, כי הנה כתיב וארא בחלום והנה העתודים העולים על הצאן, עקודים, נקודים, וברודים, וגם כתיב כי ראיתי את כל אשר לבן עושה לך, ובפסוק זה רמוז כל בחינות אלו שאנו מדברים בכאן, כי **לבן הוא סוד לובן העליון** אשר הוא קודם כל האצילות הזה, והוא (היה) העושה כל אלו הבחינות, שהם עקודים, נקודים, ברודים, לצורך **האצילות שיאציל אחריהם אשר הוא נקרא בשם יעקב**.

שהם עשר ספירות דעולם העשיה, הנמצאות בעקב א"ק[122]**, כי הם עשר**[123] **ניצוצי אורה**[124] **הניתנין בעקב** דא"ק, **שהוא עולם העשיה** ולאו דווקא עולם העשיה, אלא כל עולמות בי"ע בכללות נקראים עשיה[125]**, כי**[126] **אז בעקבא משיחא**[127] **היא א"ק** צ"ל שהוא **א"ק** הנקרא משיח, **חוצפא יסגא**[128] הקליפות מתגברים מאוד[129]**, ואז"כ**[130] **יעמדו רגליו על הר הזיתים**[131]**, דכתיב** בספר

122

תרשים ב – ל"ז

123

בית לחם יהודה ש"ג פ"ב – כי הם עשרה ניצוצי אורה הניתנים בעקב. אפשר שהם בחינת יו"ד ניצוצות שיצאו מיו"ד צפרני א"ק, להאיר לז"מ דעולם הנקודים קודם שנשברו, בסוד ויפוזו זרועי ידיו, כנזכר בפרק ג' דנקודים, יעו"ש. וכשנשברו הכלים ירדו עמהם גם אותן היו"ד ניצוצין הנזכרים, והם מתבררין ועולין עם בירורי הז"מ, ובהשלמתם אז נאמר בא"ק - ועמדו רגליו וכו'.

124

בשבירת הכלים דעולם הנקודים ירדו נצוצי אורות לבי"ע כדי לתת חיות לכלים עד תחיית המתים, ניצוצות אלו הם לא ספירות שלמות ביחס לעולם האצילות, לכן הרב ז"ל קורא להם ניצוצי אורה, ולא אורות. והם נקראים רפ"ח נצוצין. כמובן ביחס לעולמם שהם בי"ע, הם אורות שלמים.

שער גן עדן, אורח צדיקים, דרך י"ב דט"ו ע"ד – ולפי שהאורות שלמטה נדבקו בהם הסיגיים וקבלו טומאה, הוצרכו לשבירה, ששבירתן היא טהרתן. ותדע מה שגילה לנו האריז"ל בסוד שבירת הכלים, שמן השברים עצמן נעשו הקליפות, ומעט אור שהיה נדבק בשברים, שהוא סוד שירי שירים. כמו שאם יהיה בכלי חרס שמן, אף שתשבר ותתרוקן מן השמן, לא ימלט שלא יישאר מעט שמן נדבק בשברים, ומזה האור שנדבק בכלים, הוא סוד ניצוץ קדוש המחיה את הקליפות.

125

ע"ח ש"ג פ"ג די"ז ע"ב - כלל העולה כי הא"ס הוא נשמה לנשמה, והאציל ממנו אדם אחד הכולל כל העולמות כולם, שבחינת עצמות שבו שהם בחינת נרנח"י, נקרא א"ק. ובחינת הגוף שבו הוא עולם האצילות. **ובחינת המלבושים הם ג' עולמות בי"ע, שאינם רק עולם אחד לבדו** והוא לבוש האצילות כולו, שבין שלשתם אינם רק י"ס דוגמת י"ס דאצילות הנקרא גוף.

126

בית לחם יהודה ש"ג פ"ב – כי אז בעקבות משיחא חוצפא ישגא. כמ"ש בשער המצות סוף פרשת ראה, ז"ל - כבר נודע ומפורסם בדברי רז"ל תוקף הצרות העצומות שיהיו לישראל בחבלי משיח, והטעם הוא כי סיום ברירת הקדושה אשר ברגלים דאדם דקליפה, שם תגבורת החיצונים וחלישות הקדושה המועטת אשר שם, וכאשר יושלמו רגלין להתברר כדין, כתיב בלע המות לנצח וכו', יעו"ש. כי כאשר מתבררין היו"ד ניצוצות דא"ק, אשר בקליפה דבריאה ודיצירה, לא יסגא חוצפא דקליפה, לפי שהבריאה רובה טוב, והיצירה מחצה על מחצה, כמ"ש בסוף ההקדמה דשער מ"ג, ובפרק ג' דשער מ"ח, עיי"ש. אבל העשיה שרובה רע, אז כאשר מתחילין להתברר גם ניצוצי הקליפה דעשיה, חוצפא דקליפה דעשיה יסגא, ויהיה חבלי משיח.

127

א"ק נקרא משיח, עקבתא דמשיחא הוא עולם העשיה, שהוא עומד כנגד העקב דא"ק.

128

הגהות ובאורים – כי בעשיה רובו רע ומיעוטו טוב, והיינו יסגא, כי חוצפה בבריאה נמי איכה, אלא שהיא מועטת, וביצירה שוה, אבל הכא יסגא. אור זרוע.

129

לפני בוא המשיח, כאשר לא יישאר הרבה לברר מעולמות בי"ע, ולקליפה לא נשאר חיות, כי רוב הקדושה נתבררה מהקליפה, תגבר הקליפה לפני שתגווע, כמו אדם גוסס שמקבל חיות לפני שהוא נפטר.

תהילים ק"ד כ"ט – תסתיר פניך יבהלון, תסף רוחם יגועון, ואל עפרם ישבון.

זכריה[132] **ועָמדו רגָליו וגו', וישתלם קומתו** של ז"א דאצילות[133] כי לפני בוא המשיח ז"א מגולה רק מהחזה ולמעלה, **ועָליו[134] נאמר[135] הנֵה ישכיל עַבדי** שהוא המשיח, **ירום, ונשא, וגבה,**

גמרא סוטה דמ"ט ע"ב – בעקבותא דמשיחא חוצפא יסגא, והיוקר יאמיר, הגפן תתן פריה, והיין ביוקר, ומלכות תהפך למינות, ואין תוכחת...

130

בית לחם יהודה ש"ג פ"ב – ואח"כ יעמדו רגליו. ר"ל בירורי הנזכרים על הר הזתים, כי כאשר יתבררו אלו היו"ד טפין שבעשיה, אז עולין אותם הבירורין בסוד מ"ן ביסוד הב"ן דעתיק, שהוא מלכות דא"ק. כי היסוד הוא נקרא הר הזתים, כמבואר בשער הכוונות בדרוש ב' דועבור, ולפי שעיקר אותן העשרה ניצוצי אורה הם היו מבחינת הב"ן דא"ק, שיצאו להאיר לז"מ דב"ן, משום הכי כשנבררין מג' עולמות בי"ע, הם עולים עד בחינת הב"ן דנוקבא דעתיק, ולא לאבי"ע, וכמ"ש בסמוך על הפסוק ירום ונשא וכו'.

131

הר הזתים הוא מוסג המתייחס ליסוד. בסוגיה זאת הר הזתים מתיחס ליסוד דנוק' דא"ק. או אפשר ליסוד דעתיק. יסוד הוא בחינה של מנהיג ומשפיע, כאן מדובר על המשיח שינהיג את ישראל.

שער הכוונות, דרושי חזרת העמידה, דרוש ה – ועל ידי כך נבקע יסוד דאימא, שבתוך הדעת שלו כנודע, כי אינו יכול לסבול כל כך אורות עצומים, בסוד ונבקע הר הזתים וכו', ונבקע בעת שאומרים ויעבור וכו'.

שער מאמרי רשב"י שם דף קנ"ו ע"א וז"ל פתח ההוא טייעא ואמר ואני תפילתי לך ה' עת רצון כו' - ......והכונה לומר כי עם היות שכל ישראל בעשות המצות הנוגעות באות ברית קודש העליון, נעשים מרכבה ליסוד, לקבל שפע ממנו. כמו שמלכות מרכבה אליו, והם עומדין במקומה ויורשין אותה לעשות פעולתה, והיא מקבלת מהם אותו שפע, וזה הוא ענין נכון בפירוש ירושת הארץ, מה הוא כי הוא בענין מי שיורש חבירו, ויושב תחתיו וממלא מקומו, כן ענין הצדיקים בעשותם המצוה ירשוה, לקבל שפע ומזון לתחתונים, ונמצא שהם עושים פעולת הארת העליונה, ויורשין מקומה בבחינה זו. ולא עוד אלא שמשפיעין בה. ונמצא שהם ליסוד בדמות הארץ העליונה. ולארץ העליונה כדמות צדיק העליון, כיון שמשפיעים אליה. ולפיכך נקראים צדיקים ויורשי ארץ, אחר שמקבלים מהצדיק העליון במקום הארץ העליונה, ומשפיעים בה כמו הצדיק.

אור עינים חלק א' אות ה' - הר הזתים, יסוד דבינה נקרא הר הזתים, כי היסוד עצמו נקרא זית, והבינה הר. פע"ח שער הסילחות פ"ג דף נ"ח ע"ד.

132

זכריה י"ד ד' – ועמדו רגליו ביום ההוא על הר הזתים אשר על פני ירושלם מקדם ונבקע הר הזיתים מחציו מזרחה וימה גיא גדולה מאד ומש חצי ההר צפונה וחציו נגבה.

133

האיפה שלימה על אוצרות חיים די"ח ע"א אות י"ב – עוד כתב הרב שם, וז"ל - והנה אם אדם הראשון לא היה חוטא בעץ הדעת, היה יכול להעלות על ידי תפלותיו של יום השבת ההוא את העולמות, עליות אחרות יותר גבוהות במאד מאד, עליה אחר עליה, בכל תפילה ותפילה, שהם תפילת ערבית, ושחרית, ומוסף, ומנחה, ואין אנחנו עתה מאריכין סדר עלייתן, אבל נזכיר בקצרה העליה אחרונה הגדולה שבכולן, והיא במנחת שבת, כי אז היו עולין תכלית העליה, והוא כי עולם האצילות היה עולה כפי מקומו הראשון שהוא במקום אדם קדמון לכל קדומים הנזכר אצלינו ביאורו באורך גדול, והיה חוזר כל המציאות אל שורשו הראשון עד כאן לשונו. ונראה לעניות דעתי ברשות קובה"ו, שסדר העליות שהיו עולין אם לא חטא אדם הראשון כך הוא, על ידי תפילת ערבית של שבת קודש, היו עולין זו"ן דאצילות בכתר דא"א דאצילות, בז' תקוני גולגלתא, אשר בהם מתגלים ז"ת דעתיק, וזהו מה שכתוב ואור החמה יהיה שבעתים, **וזה יהיה אחר ביאת משיח צדקנו במהרה בימינו אמן**, ואז אין כל אומה ולשון יכול לשלוט בישראל. והבריאה במקום אבא. והיצירה והעשיה במקום אימא. וכל זה עדיין לא באו מוחין דפנים, כי עדיין הם מטבור א"ק ולמטה, ואף על פי שזו"ן הם פנים בפנים. וזה דומה למה שאנחנו עושים בערבית דליל שבת, ובנשמת שאנחנו ממשיכין לזו"ן למ"ד מ"ם מכחב"ד חג"ת דישסו"ת, שנקראין מוחין דאחור, בערך המוחין אשר נמשכין לזו"ן מאו"א עילאה, שהם נקראים מוחין דפנים, כמו שכתב הרש"ש בספר נהר שלום דף יו"ד ע"א בסופו, וע"ב, יעו"ש באורך, ובהקדמת רחובות הנהר דף ה' ע"ג, דהמוחין הבאין מישסו"ת נקראין בחינת אחור, והבאים מאו"א נקראין פנים. ואחר כך על ידי תפילת

שחרית של שבת קודש, היה אדם הראשון אם לא היה חוטא, היה ממשיך לזו"ן מוחין דאח"פ, והיו עולים זו"ן ומלבישים לאח"פ, והבריאה עולה לא"א דאצילות, ויצירה ועשיה לאבא דאצילות. אחר כך על ידי תפילת מוסף של אדם הראשון היו עולים זו"ן לע"ב דא"ק, והבריאה בס"ג דא"ק, שהוא אח"פ, ויצירה ועשיה בא"א דאצילות. ואחר כך במנחה של שבת קודש היו עולים זו"ן בכתר דא"ק, והבריאה בחכמה דא"ק, והיצירה והעשיה במקום בינה דא"ק. הרי שהמ"ה וב"ן עלו כולם לשרשם, שהם ע"ב וס"ג דא"ק. וזהו שכתב הרב ז"ל בפרקין ואז יתבטל מ"ה, ואז לא יהיה רק שני אורות של ע"ב וס"ג, ר"ל שעולים כל העולמות ונכללין בע"ב וס"ג דא"ק, ונקראין על שם ע"ב וס"ג. ועל אלו העליות שעולין עד כח"ב דא"ק כתב הרש"ש, ואז יחזור למקומו לגן עדן לעשות חיובו הראשון.

יוצא מדברי קודשו של השד"ה, כי מצב הפרצופים לפני העליה שלהם הוא כי כל פרצוף הוא בחינה של נפש ורוח לעומת הפרצוף שמעליו, וחסרים לכל אחד מהפרצופים נשמה, חיה ויחידה, שהם שלש בחינות החסרות לכל פרצוף.

תרשים ב – ל"ח.

וכאשר ז"א מקבל מוחין מאימא, שהם בחינת נשמה, הוא גורם לכל הפרצופים לקבל מדרגה אחת יותר ממצבם הקודם. כך שנוק' מקבלת רוח, ז"א נשמה, אימא חיה, אבא יחידה, א"א מקבל את אורות האח"פ שהם ע"ב דס"ג דא"ק, וא"ק מקבל מדרגה מהפרצוף שמעליו.

תרשים ב – ל"ט.

וכאשר ז"א מקבל את מדרגת החיה, הוא גורם לכל הפרצופים לקבל מדרגה אחת יותר ממצבם הקודם. כך שנוק' מקבלת נשמה, ז"א חיה, אימא יחידה, אבא אורות האח"פ שהם ע"ב דס"ג דא"ק, א"א מקבל את אורות ע"ב דס"ג דא"ק, וא"ק מקבל מדרגה מהפרצוף שמעליו.

תרשים ב – מ.

וכאשר ז"א מקבל מדרגת היחידה, הוא גורם לכל הפרצופים לקבל מדרגה אחת יותר ממצבם הקודם. כך שנוק' מקבלת חיה, ז"א יחידה, אימא אורות האח"פ שהם ע"ב דס"ג, אבא מקבל את אורות ע"ב דס"ג דא"ק, א"א מקבל את אורות הגולגלתא, וא"ק מקבל מדרגה מהפרצוף שמעליו. וזאת היא תכלית העליה שיש לז"א בעולם הזה, עד הטבור דא"ק, וא"א עד הגולגולתא דא"ק.

תרשים ב – מ"א.

גם צריך לדעת כי גם עולמות בי"ע הנמצאים מתחת לאצילות עולים כאשר יש ז"א מקבל מוחין.

תרשים ב – מ"ב

כאשר ז"א מקבל בחינת נשמה, והנוק' מקבלת בחינת רוח, עולם הבריאה עולה למדרגת הנוק' דאצילות, היצירה לבריאה, והעשיה ליצירה.

תרשים ב – מ"ג

כאשר ז"א מקבל בחינת חיה, הבריאה עולה לז"א דאצילות, היצירה עולה לבחינת נוק' דאצילות, והעשיה לבריאה.

תרשים ב – מ"ד.

וכאשר ז"א מקבל בחינת יחידה, הבריאה עולה לאימא דאצילות, כי שם השורש שלה, היצירה לז"א דאצילות, ששם השורש שלו, והעשיה לנוק' דאצילות, ששם השורש שלה. וזה הוא תכלית העליה של העולמות כולם במנחה דשבת.

תרשים ב – מ"ה.

לעתיד לבוא יהיו עליות יותר גדולות לאין ערך, כאשר ז"א דאצילות עולה עד מדרגת גולגולתא דא"ק, ששם שורשו האמיתי. והנוק' דאצילות לע"ב דא"ק, ששם שורשה האמיתי, בסוד ה' בחכמה יסד ארץ. עולם הבריאה לס"ג דא"ק, עולם היצירה לא"א, ועולם העשיה לאבא.

תרשים ב- מ"ו.

צריך לדעת כי העליות האלה הם כלליות, ויש בהם פרטים, ופרטי פרטים. לדוגמה, כאשר ז"א עולה במנחה דשבת עד א"א, בפרטות ז"א עולה כך – בתפילת הלחש הוא עולה בנה"י דא"א, בחזרה בחג"ת דא"א, ובסעודה שלישית לדיקנא דא"א.

תרשים ב – מ"ז.

מאד. ישכיל מעשיה הקדושה תתברר ותעלה מעולם העשיה לעולם היצירה, **בסוד ונחמד העץ להשכיל, עץ הדעת** שהוא ביצירה. **ירום מיצירה** הקדושה תתברר מעולם היצירה ותרום (ותעלה) למעלה מיצירה, לבריאה. **ונשא מבריאה** הקדושה תתברר מעולם הבריאה ותתנשא מעל עולם הבריאה, לעולם האצילות. **וגבה מאצילות** ברורים אלו יגבהו מאצילות לא"ק[136]. **מא"ד אותיות אדם. הוא א"ק. אז יבוא משיח בע"ה,** כמו שכתוב בספר דניאל[137] **ומחת לצלמא על רגלוהי** ושבר את הצלם, שהם הקליפות, תחת רגלי א"ק, והצלמא **הם**[138] **הקליפות שכנגד ג' עולם בי"ע**[139] כי בבי"ע נפלו שברי עולם הנקודים. **כי על האצילות נאמר**[140] **אני ה', הוא**

134

בית לחם יהודה ש"ג פ"ב – ועליו נאמר, הנה ישכיל עבדי. ליו"ד טיפין קרי להו עבדי, לפי שהם משועבדים בקליפות, ואשמעינן הכתוב שלא נסבור כאשר יתבררו יעלו באיזה עולם מאבי"ע כשאר הבירורים, אלא ישכיל מעשיה, וירום מיצירה, ונשא מבריאה, וגבה מאצילות, מאד אותיות אדם. כלומר עד שעולים לא"ק שהוא אדם קדמון לכל הקדומים.

135

רחובות הנהר ד"ב ע"ב - וכל קיומם והעמדתם (של בי"ע) הוא בכח שארית בירורי הכלים ורפ"ח אורות דמלכים דאצילות, וכשיושלמו להתברר כל הבירורים, אז נאמר - הנה ישכיל עבדי ירום ונשא וגבה מאד, ואז השמים כעשן נמלחו, והארץ כבגד תבלה, כמ"ש בע"ח ש"ג ספ"ב ע"ש.

ישעיהו נ"ב י"ג – הנה ישכיל עבדי ירום ונשא וגבה מאד.

136

למעשה הברורים שמתבררים מעולמות בי"ע של כל בחינה פרטית נעשים בבת אחת, לדוגמה בתפילת שחרית, בני ישראל מבררים מעולם העשיה את ברורי הכלים החצונים, וזה נעשה ע"י הקורבנות, ומעלים אותם ליצירה. ומעולם היצירה את ברורי הכלים האמצעים, וזה נעשה ע"י הזמירות, ומעלים אותם עם ברורי העשיה להבריאה. ואת ברורי עולם הבריאה ברורי הכלים הפנימים, וזה נעשה ע"י קריאת שמע, ומעלים אותם עם ברורי העשיה והיצירה לאצילות. ומשם הברורים עולם ממדרגה למדרגה עד רום המעלות ועד בכלל. גם בתקופת המשיח משיח יהיה ברורים, רק שהברורים יהיו יותר פנימים.

137

דניאל ב' ל"ד - חזה הוית עד די התגזרת אבן די לא בידין ומחת לצלמא על רגלוהי די פרזלא וחספא והדקת המון.

138

בית לחם יהודה ש"ג פ"ב – הם הקליפות שכנגד ג' עולמות בי"ע. כי כנגד האצילות ליכא קליפות, ועליו נאמר לא יגורך רע, כמ"ש בסוף פרק ג' שבסמוך. ואעפ"י שיש אחיזת קליפות באחורים דז"ון דאצילות, כמבואר ריש פרק י"ב דשער מ"ח, יעו"ש. מכל מקום עמידת הקליפות דאצילות היא למטה בבריאה ולא כנגד האצילות עצמה, כדדייק לישנא דקרא - לא יגורך רע, רק שהם עולין עד ז"ון דאצילות, ויונקים משם לפי שעה, ולבתר משתמטי רגלייהו בנוקבא דתהומא רבה, כמבואר בסוף פרק ב' דשער מ"ח, ועי"ע בפרק ג' דשער מ"ב, ד"ה והנה כאן וכו' מש"ש.

139

ע"ח ח"ב שמ"ג הקדמה דצ"ה ע"א - וגם תדע חילוק אחר שבבי"ע זולת אשר נקרא עולם הפירוד, כי מבחינת הרוחין שבהן מתחיל הפירוד, שאינם אלהות כנ"ל, גם יש שינוי אחר שבאצילות אפילו הלבושים נקרא אלהות וקדושה, אך בבי"ע יש חילוק בין הכלים ולבושים, כי יש כלים ולבושים מסטרא דקדושה, ויש לבושין מסטרא דמסאבתא, המלביש על כולם, ולכן ג' עולמות אלו נקרא עץ הדעת טו"ר, לכן המלכות דאצילות בהתמעטה וירדה להתלבש בתוכם, אז נקרא עץ הדעת טו"ר, והבן זה. והוא בהיות רגליה יורדת מות אל המקום אשר המות נמצא שם בלבושים, והנה לבושי דבריאה דמסאבא מקיפים על כל לבושי דכייא דבריאה, וכן לבושין דיצירה ועשיה, וההפרש הוא שבבריאה הקליפה מועטת מן הקדושה, ונפרדת ואינה

שְׁמִי, וְכָבוֹדִי לְאַזֵּר שהם הקליפות לֹא אֶתֵּן. וְהַבְּרִיאָה[141] הִיא רֵישָׁא דְדַהֲבָא ראש
של זהב, כִּי הִיא בְּזִיּנַת זָהָב הכוונה לסיגים[142] של הזהב[143], כי הזהב עצמו הוא בקדושה, כמו שכתוב[144]
מִצָּפוֹן[145] הרב ז"ל דורש צפון, מלשון מוצפן, נסתר, נעלם זָהָב[146] יֶאֱתֶה[147], שֶׁהִיא בִּינָה עָלְמָא
דְּאִתְכַּסְיָא עולם שמכוסה, שהיא עולם צפון ונעלם[148], הַמִּתְלַבֶּשֶׁת וּמְקַנֶּנֶת בַּבְּרִיאָה כנ"ל,

---

נדבקת. וביצירה הקלי' והקדושה בשיקול אחד, ואינן מתערבים. ובעשיה הקליפה מרובה על הקדושה
ומעורבים טו"ר בבחינת הלבושים, ולא בבחינת הכלים והעצמות ח"י, והבן זה היטב ואל תטעה.
140

ישעיהו מ"ב ח' - אני הוי"ה הוא שמי וכבודי לאחר לא אתן ותהלתי לפסילים.
141

בית לחם יהודה ש"ג פ"ב – והבריאה היא רישא דדהבא. ר"ל ראש הצלם של הקליפה, כי מן הבריאה
מתחיל מקום הקליפה.
142

משלי כ"ה ד' – הגו סיגים מכסף ויצא לצרף כלי.
ומפרש רש"י – כשם שאין הכלי כסף יוצא למלאכת צורף עד שיוציאו ממנו סיגים של נחושת שבו, כך אין
ציבור נפטרים מעונש עד שיוציאו מתוכם הרשעים, ויעשו בהם דין.
143

אין כוונת הרב ז"ל שהזהב, הכסף, הנחושת והברזל הם הקליפות ח"ו, אלה הסיגים שבהם, הם בחינת הרוע
והקליפות, ואותם צריך לברר מהמתכות עצמם, כך גם בעולמות בי"ע יש את בחינת הקליפות, שהרב ז"ל
ממשיל אותם לזהב, כסף, נחושת וברזל. בחינת המתכות הם בקדושה, ובהם השתמשו לבנות את המשכן
והמקדש.
זהר משפטים דק"ד ע"ד עם תרגום והסבר - **ראובן** הם אותיות **או"ר ב"ן**, שהוא בחינת אור, סוד החסד,
והאותיות ב"ן רומזים לז"א, הרי חכמה היא אבא, בינה היא אימא, ז"א הוא הבן, והמלכות היא הבת, יוצא
שְשם ראובן מושרש בחסד דז"א כמו שכתוב - **ויאמר אלהים יהי אור**, ופרשו **ימינא אור** צד הימין שהוא
האור, רומז לחסד, כי שבעת ימי הבנין, שהם ששת ימי בראשית והשבת רומזים לשבע ספירות התחתונות
שהם חג"ת נהי"מ, היום הראשון לבריאה רומז לחסד, שבו נברא האור. האותיות **שמעון** הם אותיות ש"ם
עו"ן, **שמאלא אור** שמעון מושרש בגבורה דז"א, שהיא בצד שמאל, והיא כלולה בחסד, **בְּהַהוּא סִיגָא דְדַהֲבָא**
ובאותו הסיג המעורב בזהב, כי הזהב הוא בצד שמאל, לעומתו הכסף הוא בצד ימין, וידוע כי שורש הדינים
והקליפות הוא בצד שמאל, כלומר הסיגים שבצד שמאל הם בחינת הקליפות, שהם גורמים לאדם לבוא לידי
עברה ועון, **בְּהַדֵיה שם עון** יוצא מזה, כי האותיות של השם שמעון, הם רומזות לצד שמאל שׁשׁם הוא העון,
אותיות ש"ם עו"ן.
תרשים ב – מ"ח.
144

איוב ל"ז כ"ב - מצפון זהב יאתה על אלוה נורא הוד.
145

בית לחם יהודה ש"ג פ"ב – מצפון זהב יאתה שהיא בינה עלמא דאתכסייא. משרש תיבת צפון, בוא"ו שורק,
שפירושו העלם וכסוי כמו וצפון לצדיק חיל חוטא, והיינו דקאמר שהיא בינה עלמא דאתכסייא.
146

בית לחם יהודה ש"ג פ"ב – זהב. מפרש שהוא רישא דדהבא
147

בית לחם יהודה ש"ג פ"ב – יאתה. ולא למעלה מזה שהוא עולם האצילות.
148

בחינת ספירת החכמה שהיא עולם האצילות היא בצד דרום, וספירת הבינה שהיא עולם הבריאה הוא בצפון,
שׁשׁם הזהב.

וּקְלִיפָּה דִיצִירָה, היא בחינת הסיגים של הַכֶּסֶף וְנֻזֻזוֹשֶׁת. וּקְלִיפָּה דְעֲשִׂיָה הִיא בחינת פַּרְזְלָא וְזָסְפָּא סיגים של הברזל וחרס. וְהָאֶבֶן[149] מַלְכוּת הָאַזֶרוֹנָה שֶׁבְּכָל הָעוֹלָם, הוּא עֵקֶב של א"ק, כמו שכתוב[150] וְאַתָה[151] תְּשׁוּפֶנּוּ עֵקֶב. בְּהַאי וּבְזאת הָאֶבֶן רֵצִין מרוצץ, כלומר שובר דְנֻזֵשׁ המוח שהוא בחינת הקליפה שהיא הסיטרא אחרא, וּמֵזֶּת לְצַלְמָא עַל רַגְלוֹהִי ושובר את הצלם ומוריד אותו תחת רגליו שֶׁבָּעֲשִׂיָה, וְאַז שָׁמַיִם שהם ז"א דְעֲשִׂיָה וְאֶרֶץ שהיא נוקבא דְעֲשִׂיָה, נֶאֱמַר עֲלֵיהֶם[152] שָׁמַיִם כֶּעָשָׁן נמלחו כו', וְהָאָרֶץ[153] כַּבֶּגֶד תִּבְלֶה, כִּי [די"ז ע"ב 33] בְּהִגָּלוֹת רַגְלֵי א"ק שהוא המשיח עַל הַר הַזֵּתִים, אֲשֶׁר בְּתוֹכָם הָא"ס מִתְלַבֵּשׁ כַּנַּ"ל, וְאַז[154] תתקיים הנבואה[155] יְהְיֶה אוֹר הַלְּבָנָה שהיא נוקבא דאצילות[156], כְּאוֹר הַזֵּזֹמָה שהוא ז"א דאצילות, וְאוֹר הַזֵּזֹמָה שהוא ז"א דאצילות יְהֲיֶה

תרשים ב – מ"ט.

גמרא בבא בתרא דכ"ה ע"ב - אמר רבי יצחק, הרוצה שיחכים ידרים, ושיעשיר יצפין, וסימניך שלחן בצפון ומנורה בדרום.
149

בית לחם יהודה ש"ג פ"ב - והיא אבן מלכות האחרונה שבכל העולמות. צ"ל והאבן תיבה אחת, ולא גריסה והיא אבן, ור"ל והאבן די מחת לצלמא, הנז', היא מלכות בחינת העקב דא"ק, שבג' עולמות בי"ע, ששם מקום הקליפות.
150

בראשית ג' ט'ו – ואיבה אשית בינך ובין האשה ובין זרעך ובין זרעה, הוא ישופך ראש ואתה תשופנו עקב.
151

בית לחם יהודה ש"ג פ"ב - בסוד ואתה תשופנו עקב. וסמיך ליה - אל האשה אמר, כי האשה שהיא המלכות דא"ק, בחינת העקב שבג' עולמות בי"ע, היא מחת לצלמא על רגלוהי, הנקראים עקב דצלמא.
152

ישעיהו נ"א ו' – שאו לשמים עיניכם והביטו אל הארץ מתחת, כי שמים כעשן נמלחו, והארץ כבגד תבלה, וישביה כמו כן ימותון, וישועתי לעולם תהיה וצדקתי לא תחת.
153

בית לחם יהודה ש"ג פ"ב – והארץ כבגד תבלה כי בהגלות וכו'. תיבת "כי" צ"ל וכו', ואינו נתינת טעם. וצ"ל ובהגלות באות ו', והוא קאי עמ"ש לעיל ואח"כ יעמדו רגליו על הר הזתים וכו', ולא קאי עמ"ש והארץ כבגד תבלה.
154

בית לחם יהודה ש"ג פ"ב - ואז והיה אור הלבנה וכו'. זהו בזמן המשיח, כמ"ש בפרק חלק, דצ"א ע"ב ז"ל - רב חסדא רמי כתיב וחפרה הלבנה וכו', וכתיב והיה אור הלבנה וכו', ל"ק כאן לימות המשיח, כאן לעולם הבא, ופרש"י כשיכלה השעבוד והיה אור הלבנה וכו', ולעתיד לבוא וחפרה הלבנה, מרוב נגהם של צדיקים וכו', והענין הוא כי מרבוי האור שיהיה ביסוד הנוקבא דעתיק, הנקרא הר הזתים, אז נבקע הר הזתים, כמו שסיים הכתוב ונבקע הר הזתים וכו', וכענין זה כתב רז"ל בסוף פרק ב' דשער י"ז, וז"ל - נוסף שם אור גדול ועצום, ואין בו כח ביסוד דעתיק לסובלו, כי הוא צר מאד, ואז נבקע ונסדק מלמעלה למטה לארכו, ויצא האור לחוץ יעו"ש . ועיין בדברינו דהתם שכתבנו דקאי על יסוד דנוקבא דעתיק יעו"ש. ואז והיה ה' למלך על כל הארץ וכו'.
155

ישעיהו ל' כ'ו – והיה אור הלבנה כאור החמה, ואור החמה יהיה שבעתים, כאור שבעת הימים, היום חבש הוי"ה עמו, ומחץ מכתו ירפא.
156

שִׁבְעָתִים, כְּאוֹר ז׳ הַיָּמִים הָרִאשׁוֹנִים שהם עתיק יומין, והם שבע ימי בראשית, שהם הארת **ז״ת דְּמַלְכוּת דְּא״ק כַּנַּ״ל, הַנִּקְרָא עַתִּיק יוֹמִין דַּאֲצִילוּת**[157].

כאשר יתבררו ויתוקנו העולמות, תהיה עליה לנוק' דאצילות, למדרגת ז"א דאצילות. גם ז"א דאצילות יתעלה למדרגות יותר גבוהות, וכן כל העולמות יתעלו מדרגה אחרי מדרגה.

157

מאיר עינים ח"א, הקדמת המחבר כלל ב - וזו המלכות דא״ק ירדה ונתלבשה בסוד ז׳ ספירות שלה חג״ת נהי״מ בעולם אצילות, והוא כדי להתקשר בחינת א״ק בעולם אצילות, ועל דרך זה בכל עולם ועולם, וז״ס של מלכות דא״ק הנ״ל, הם שבעה ימי בראשית, והם בחינת עתיק יומין דאצילות שהם ז׳ ימי עתיקים מן מלכות דא״ק, וזה העתיק נעשה אח״כ נשמה לא״א, כתר דאצילות וגם א״א הזה. מתלבש ומתפשט בתשעה ספירות שלו, תוך כל אצילות, ואור של האין סוף ב״ה בתוך כולם.

עץ חיים

לרבינו חיים ויטאל

שקיבל ממרן האר"י זלה"ה

שער ג'

שער סדר האצילות למוהרח"ו

פרק ב'

חלק התרשימים טבלאות וציורים

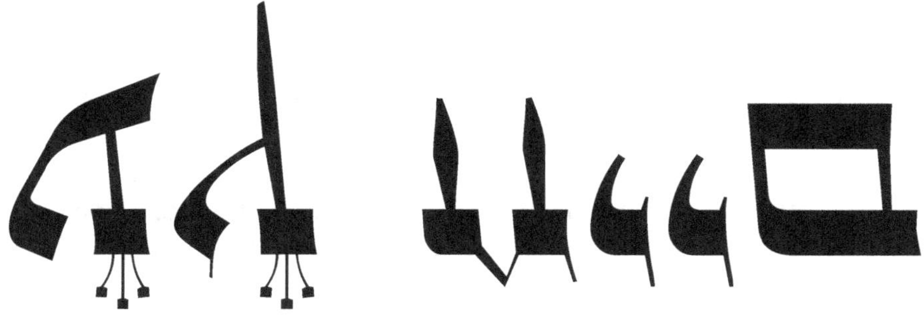

שמחת חיים

הקדמה קצרה

דע כי כל התרשימים הציורים והטבלאות, הם אך ורק לשכך את האוזן, ולשבר את העין. וכל הציורים הם לא שלמים.

כתב הרי"ח הטוב ברב פעלים ח"ב בסוד ישרים ה' - אך דע לך כי סדר התלבשות המחצבים שכתב מהרח"ו בשערי קדושה עד עולם הזה שאנחנו עומדים בו. וכן סדר התלבשות הפרצופים אשר בכל מחצב ומחצב, וסדר התלבשות העולמות זה בזה, והיושר והעיגולים, לא אית אינש דכיל למנלע רזא דנא, איך היא עשוי, איך הוא עומד, ולא אפשר לשכל אנושי לצייר כל הנזכר על אמתיתם, ועל בוריין מפני כי שכל האנושי בהיותו עצור ומונח בגוף גשמיי, אי אפשר לי להשיג דבר רוחני, והוא זה דומה לאדם סומא מן הבטן שלא ראה מאורות מימיו, דודאי אי אפשר לו לצייר מראות השמש והירח הנראין לעיני הבריות, וכל שכן מה שיש למעלה למעלה.

וכן כתב ברב פעלים ח"א בסוד ישרים א' - סוף דבר הכל נשמע, ה' אחד ושמו אחד, ואין לו גוף ולא דמות הגוף, ואין לו שום ציור, ותמונה ודמיון כלל ועיקר, וגם כל העולמות וספירות הקדושים למעלה אין להם ציור ודמיון של גופים האלה כלל, ואין מי שיוכל לידע איך הוא עמידתם וסדרם, ואיך עומדים עולמות היושר ועולמות העיגולים, ואיך מתחברים זה עם זה, ואיך נמשך השפע מזה לזה, ואיך הוא תוארם ומראיהם, ואיך הוא מהות השפע המחיה אותם, ומקיים אותם, וכמה הוא שיעור אורכם וגובהן ורחבם, ואיך הם נכללים זה בזה, ומלבישים זה לזה, כי בכל זאת אין שום שכל אנושי יוכל לדעת, ולהבין, ולהשיג, כלל ועיקר.

הרב ז"ל כתב בשער אח"פ תחילת פ"א וז"ל - כבר ידעת כי אין בנו כח לעסוק קודם אצילות עשר ספירות, ולא לדמות שום דמיון וצורה כלל ח"ו, אך לשכך האזן, אנו צריכים לדבר דרך משל ודמיון, לכן אף אם נדבר במציאות ציור שם למעלה, אין הדבר רק לשכך האזן. אמנם דע כי עשר ספירות דאצילות הם שתי עניינים. האחד הוא התפשטות הרוחניות, והשני הוא כלים ואברים אשר העצמות מתפשט בהם. והנה צריך שיהיה לכל זה שורש למעלה לשתי בחינות אלו, ולכן צריכין אנו לדבר בסדר המדרגות מראש עד סוף, והנה נתחיל ונאמר כי הלא הא"ס ב"ה אין בו שום ציור כלל ח"ו כמבואר.

הרב ז"ל כתב בשער טנת"א פ"א - והנה אף על פי שאנו מכנים וקוראים כאן כנויים אלו כגון אדם ראש אזנים וכיוצא אינו רק לשכך האזן לשיובנו הדברים לכן אנו מכנים כנויים אלו במקום גבוה, עד כאן לשונו.

וכן הרמ"ק בפרדס רימונים ש"ו פ"א - וציירו להם המקובלים צורות ביריעות גדולות וקראום אילן.

הרב ז"ל כתב בסוף ש"ה פ"ד וז"ל - ואמנם דבר גלוי הוא כי אין למעלה גוף ולא כח גוף חלילה. וכל הדמיונות והציורים אלו לא מפני שהם כך חס ושלום. אמנם לשכך את האוזן לכשיוכל האדם להבין הדברים העליונים הרוחניים בלתי נתפסים ונרשמים בשכל האנושי, לכן ניתן רשות לדבר בבחינת ציורים ודמיונים, כאשר הוא פשוט בכל ספרי הזוהר. וגם בפסוקי התורה עצמה כולם כאחד עונים ואומרים בדבר הזה כמו שאמר הכתוב עיני ה' המה משוטטים בכל הארץ. עיני ה' אל צדיקים. וישמע ה'. וירח ה'. וידבר ה'. וכאלה רבות וגדולה מכולם מה שאמר הכתוב ויברא אלהים את האדם בצלמו בצלם אלהים ברא אותו זכר ונקבה וגו'. ואם התורה עצמה דברה כך גם אנחנו נוכל לדבר כלשון הזה, עם היות שפשוט הוא שאין שם למעלה אלא אורות דקים, בתכלית הרוחניות, בלתי נתפשים שם כלל, וכמו שאמר הכתוב כי לא ראיתם כל תמונה, וכאלה רבות. ואמנם יש עוד דרך אחרת כדי להמשיך ולצייר בה הדברים העליונים, והם בחינת כתיבת צורת אותיות, כי כל אות ואות מורה על אור פרטי עליון, וגם תמונת זו דבר פשוט הוא כי אין למעלה לא אות, ולא נקודה, וגם זה דרך משל וציור לשכך את האוזן כנזכר. ולכן נבאר עתה הקדמה הנזכר על דרך ציור האותיות גם כן ובבחינת ציורים אלו, הן ציור האדם, והן ציור אותיות, שתיהן מוכרחים להבין ענין האורות העליונים, כאשר תראה ספרי הזוהר בנויים על שתי בחינות הציורים האלה, עד כאן לא.

ולכן גם אנחנו הרשינו לעצמינו לצייר ציורים, תרשימים וטבלאות, אך ורק כדי לשכך את האוזן, ולשבר את העין, כדי להבין את הסוגייה.

אח"י

תרשימים שער ג' פרק ב'

<u>סדר שמות שמות ההיכלות והשערים בעץ חיים</u>

שם היכל	שער	שם השער	פרקים														
אדם קדמון	א	עיגולים ויושר	א	ב	ג	ד	ה										
	ב	השתלשלות י"ס דרך עגו'	א	ב	ג												
	ג	סדר אצילות למהרח"ו	א	ב	ג												
	ד	אח"פ	א	ב	ג	ד	ה										
	ה	טנת"א	א	ב	ג	ד	ה	ו	ז								
	ו	עקודים	א	ב	ג	ד	ה	ו	ז	ח							
	ז	מטי ולא מטי	א	ב	ג	ד	ה										
נקודים	ח	דרושי נקודות	א	ב	ג	ד	ה	ו									
	ט	שבירת הכלים	א	ב	ג	ד	ה	ו	ז	ח							
	י	תיקון	א	ב	ג	ד	ה										
	יא	מלכים	א	ב	ג	ד	ה	ו	ז	ח	ט	י					
הכתרים	יב	עתיק	א	ב	ג	ד	ה										
	יג	א"א	א	ב	ג	ד	ה	ו	ז	ח	ט	י	יא	יב	יג	יד	
או"א	יד	או"א	א	ב	ג	ד	ה	ו	ז	ח	ט	י					
	טו	זווגים	א	ב	ג	ד	ה	ו									
	טז	הולדת או"א וזו"ן	א	ב	ג	ד	ה	ו	ז								
ז"א	יז	ז"א	א	ב	ג	ד											
	יח	רפ"ח נצוצין	א	ב	ג	ד	ה	ו									
	יט	אב"ד	א	ב	ג	ד	ה	ו	ז	ח	ט	י					
	כ	המוחין	א	ב	ג	ד	ה	ו	ז	ח	ט	י	יא	יב			
	כא	לידת המוחין	א	ב	ג												
	כב	מוחין דקטנות	א	ב	ג												
	כג	מוחין דצלם	א	ב	ג	ד	ה	ו	ז	ח							
	כד	פרקי הצלם	א	ב	ג	ד	ה	ו	ז								
	כה	דרושי הצלם	א	ב	ג	ד	ה	ו	ז	ח							
	כו	צלם	א	ב	ג	ד											
	כז	פרטי עי"מ	א	ב	ג	ד											
	כח	עיבורים	א	ב	ג	ד	ה										
	כט	נסירה	א	ב	ג	ד	ה	ו	ז	ח	ט						
	ל	פרצופים	א	ב	ג	ד	ה	ו	ז								
	לא	פרצופי זו"ן	א	ב	ג	ד	ה										
	לב	הארת המוחין	א	ב	ג	ד	ה	ו	ז	ח	ט						
	לג	אונאה	א	ב	ג	ד	ה										
נוק' דז"א	לד	תיקון הנוקבא	א	ב	ג	ד	ה	ו	ז								
	לה	הירח	א	ב	ג	ד	ה										
	לו	מעוט הירח	א	ב	ג	ד											
	לז	יעקב ולאה	א	ב	ג	ד	ה										
	לח	לאה ורחל	א	ב	ג	ד	ה	ו	ז	ח	ט						
	לט	מ"ן ומ"ד	א	ב	ג	ד	ה	ו	ז	ח	ט	י	יא	יב	יג	יד	טו
	מ	פנימיות והצוניות	א	ב	ג	ד	ה	ו	ז	ח	ט	י	יא	יב	יג	יד	טו
	מא	חשמל	א	ב	ג												
אבי"ע	מב-א	דרושי אבי"ע	א	ב	ג	ד	ה	ו	ז	ח	ט	י	יא	יב			
	מב-ב	כללות אבי"ע	א	ב	ג	ד											
	מג	ציור עולמות אבי"ע	א	ב	ג	ד											
	מד	שמות	א	ב	ג	ד	ה	ו	ז								
	מה	מקיפין	א	ב	ג	ד											
	מו	כסא הכבוד	א	ב	ג	ד	ה	ו									
	מז	סדר אבי"ע	א	ב	ג	ד	ה	ו									
	מח	קליפות	א	ב	ג	ד											
	מט	קליפת נוגה	א	ב	ג	ד	ה	ו	ז	ח	ט						
	נ	קיצור אבי"ע	א	ב	ג	ד	ה	ו	ז	ח	ט	י					

תרשימים שער ג' פרק ב'

<u>טבלת ערכים</u>

עולמות	אדם קדמון	אצילות	בריאה	יצירה	עשיה
פרצופים	ע"י וא"א	אבא	אמא	ז"א	נוקבא
ספירות	כתר	חכמה	בינה	חג"ת נה"י	מלכות
הוי"ה	קוץ של י'	י	ה	ו	ה
אורות	יחידה	חיה	נשמה	רוח	נפש
מלוי	שורש הוי"ה	ע"ב - יוד הי ויו הי	ס"ג - יוד הי ואו הי	מ"ה - יוד הא ואו הא	ב"ן - יוד הה וו הה
טנת"א	שורשים	טעמים	נקודות	תגין	אותיות
נקודות	קמץ	פתח	צרי	סגול, שוה, חולם חיריק, קבוץ, שורוק	אין ניקוד
אדם	גולגולתא	מוח ימין	מוח שמאל	גוף וברית	עטרת היסוד
מל"צ	מ - מקיף, יחידה	ל - מקיף, חיה	מוח	לב	כבד
שנגל"ה	שורש	נשמה	גוף	לבוש	היכל
י"ב פרצופים	ע"ג אאו"נ	או"א עלאין	ישסו"ת	זו"נ	יעו"ר
כל צמא	אורות	מוחין	צלמים	לבושים	כלים
אברים	מוח	עצמות	גידין	בשר	עור
חושים	מוח	ראיה	שמיעה	ריח	דיבור
מחצבים	א"ס	ספירות	נשמות	מלאכים	חושך
צלם	מ' מקיף ב'	ל' מקיף א'	צ' מוח	צ' לב	צ' כבד
דחצ"מ	אלוקות	מדבר	חי	צומח	דומם
יסודות	יולי	מים	אש	רוח	עפר
רקיעים	ערבות	ערבות	ערבות	מכון, מעון, זבול שחקים, רקיע	וילון
גלגלים	גלגל השכל	גלגל היומי	מזלות	ככבים	לבנה
היכלות	קודש קודשים	קודש קודשים	קודש קודשים	אהבה, זכות, רצון, עצם השמים, לבנת הספיר	לבנת הספיר
מלוי הוי"ה		מו - וד י יו י	לז - וד י או י	יט - וד א או א	כו - וד ה ו ה
אהי"ה		קס"א - אלף הי יוד הי	קס"א - אלף הי יוד הי	קמ"ג - אלף הא יוד הא	קנ"א - אלף הה יוד הה

תרשימים שער ג׳ פרק ב׳

תרשים ב - א

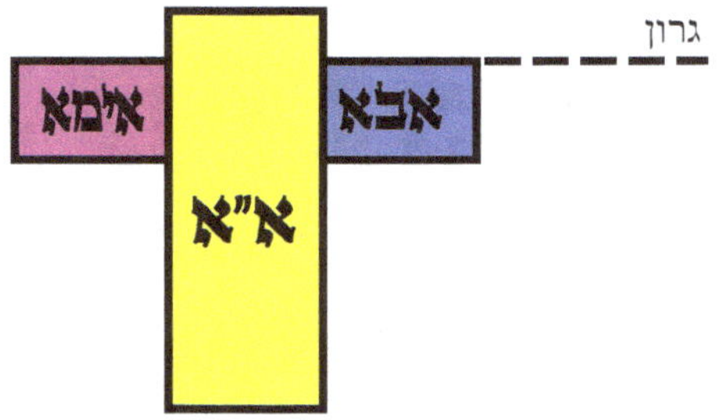

תרשים ב - ב

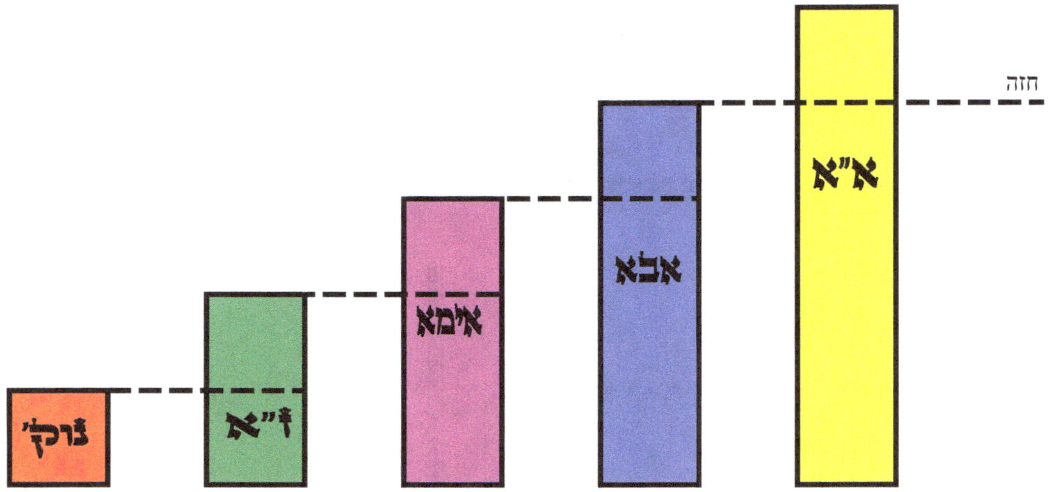

תרשים ב - ג

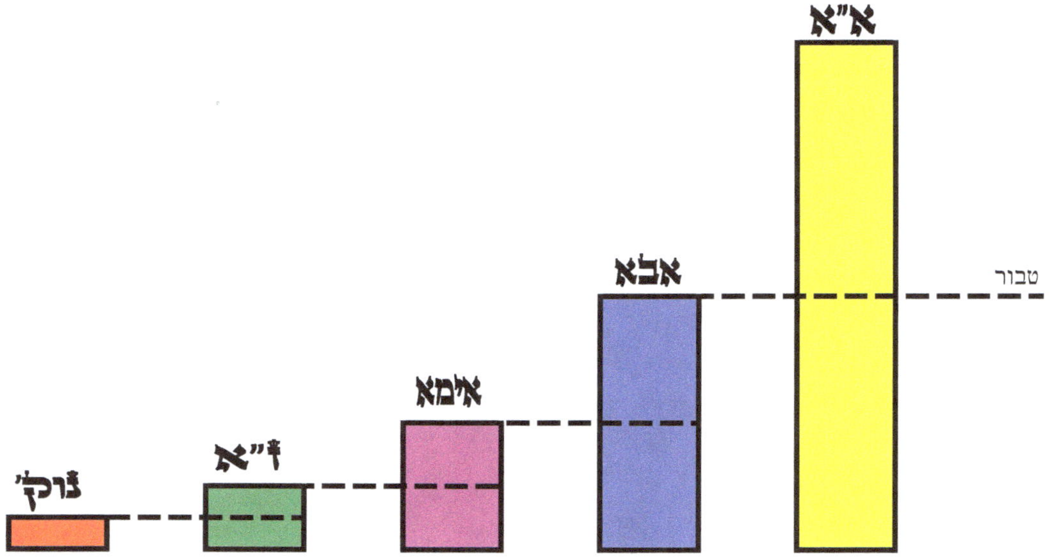

תרשים ב - ד

תרשימים שער ג׳ פרק ב׳

תרשים ב - ה

שער גן עדן די"ח ע"ג

מרכז פנים	אורות פנים		אורות אחור	מרכז אחור
אל	י י יה	כתר	וה י י	לא
בם	ו ו יה	חכמה	וה ו ו	מב
גן	ד ד יה	בינה	וה ד ד	נג
דס	ה ה יה	דעת	וה ה ה	סד
הע	י י יה	חסד	וה א ה	עה
ופ	ו ו יה	פחד	וה ו ו	פו
זץ	י א יה	תפארת	וה א ו	צז
חק	ו ו יה	נצח	וה ו ה	קח
טר	ה ה יה	הוד	וה ה ה	רט
יש	י י יה	יסוד	וה א	שי
כת	יה	מלכות		תך

אלו הם מרכזים של מקיפי פנימים

אלו הם מרכזים של מקיפי חיצונים

[illegible]

תרשים ב - ו

פנים

פנים אזור

אזור

פנים אזור

תרשים ב - ז

פנים דכתר

פנים לפנים — אזור לפנים

אב	גד	הו	זח	טי	כל	מנ	סע	פצ	קר	שת
אג	דה	וז	חט	יכ	למ	נס	עפ	תק	רש	תב
אד	הו	זח	טי	כל	מנ	סע	פצ	קר	שת	בג
אה	וז	חט	יכ	למ	נס	עפ	תק	רש	תב	גד
או	זח	טי	כל	מנ	סע	פצ	קר	שת	בג	דה
אז	חט	יכ	למ	נס	עפ	תק	רש	תב	דג	הו
אח	טי	כל	מנ	סע	פצ	קר	שת	בג	דה	וז
אט	יכ	למ	נס	עפ	תק	רש	תב	דג	הו	זח
אי	כל	מנ	סע	פצ	קר	שת	בג	דה	וז	חט
אכ	למ	נס	עפ	תק	רש	תב	גד	הו	זח	טי
אל	מנ	סע	פצ	קר	שת	בג	דה	וז	חט	יכ
אמ	נס	עפ	צק	רש	תב	גד	הו	זח	טי	כל
אנ	סע	פצ	קר	שת	בג	דה	וז	חט	יכ	למ
אס	עפ	צק	רש	תב	גד	הו	זח	טי	כל	מנ
אע	פצ	קר	שת	בג	דה	וז	חט	יכ	למ	נס
אפ	צק	רש	תב	גד	הו	זח	טי	כל	מנ	סע
אצ	קר	שת	בג	דה	וז	חט	יכ	למ	נס	עפ
אק	רש	תב	גד	הו	זח	טי	כל	מנ	סע	פצ
אר	שת	בג	דה	וז	חט	יכ	למ	נס	עפ	צק
אש	תב	גד	הו	זח	טי	כל	מנ	סע	פצ	קר
את	בג	דה	וז	חט	יכ	למ	נס	עפ	צק	רש

אזור דכתר

פנים לאזור — אזור לאזור

למ	נס	עפ	צק	רש	תא	בג	דה	וז	חט	יכ
לנ	סע	פצ	קר	שת	אב	גד	הו	זח	טי	כמ
לס	עפ	צק	רש	תא	בג	דה	וז	חט	יכ	מנ
לע	פצ	קר	שת	אב	גד	הו	זח	טי	כמ	נס
עפ	צק	רש	תא	בג	דה	וז	חט	יכ	מנ	סע
לצ	קר	שת	אב	גד	הו	זח	טי	כמ	נס	עפ
לק	רש	תא	בג	דה	וז	חט	יכ	מנ	סע	פצ
לר	שת	אב	גד	הו	זח	טי	כמ	נס	עפ	צק
לש	תא	בג	דה	וז	חט	יכ	מנ	סע	פצ	קר
לת	אב	גד	הו	זח	טי	כמ	נס	עפ	צק	רש
לא	בג	דה	וז	חט	יכ	מנ	סע	פצ	קר	שת
לב	גד	הו	זח	טי	כמ	נס	עפ	צק	רש	תא
לג	דה	וז	חט	יכ	מנ	סע	פצ	קר	שת	אב
לד	הו	זח	טי	כמ	נס	עפ	צק	רש	תא	בג
לה	וז	חט	יכ	מנ	סע	פצ	קר	שת	אב	גד
לו	זח	טי	כמ	נס	עפ	צק	רש	תא	בג	דה
לז	חט	יכ	מנ	סע	פצ	קר	שת	אב	גד	הו
לח	טי	כמ	נס	עפ	צק	רש	תא	בג	דה	וז
לט	יכ	מנ	סע	פצ	קר	שת	אב	גד	הו	זח
לי	כמ	נס	עפ	צק	רש	תא	בג	דה	וז	חט
לכ	מנ	סע	פצ	קר	שת	אב	גד	הו	זח	טי

תרשימים שער ג' פרק ב'

תרשים ב - ח

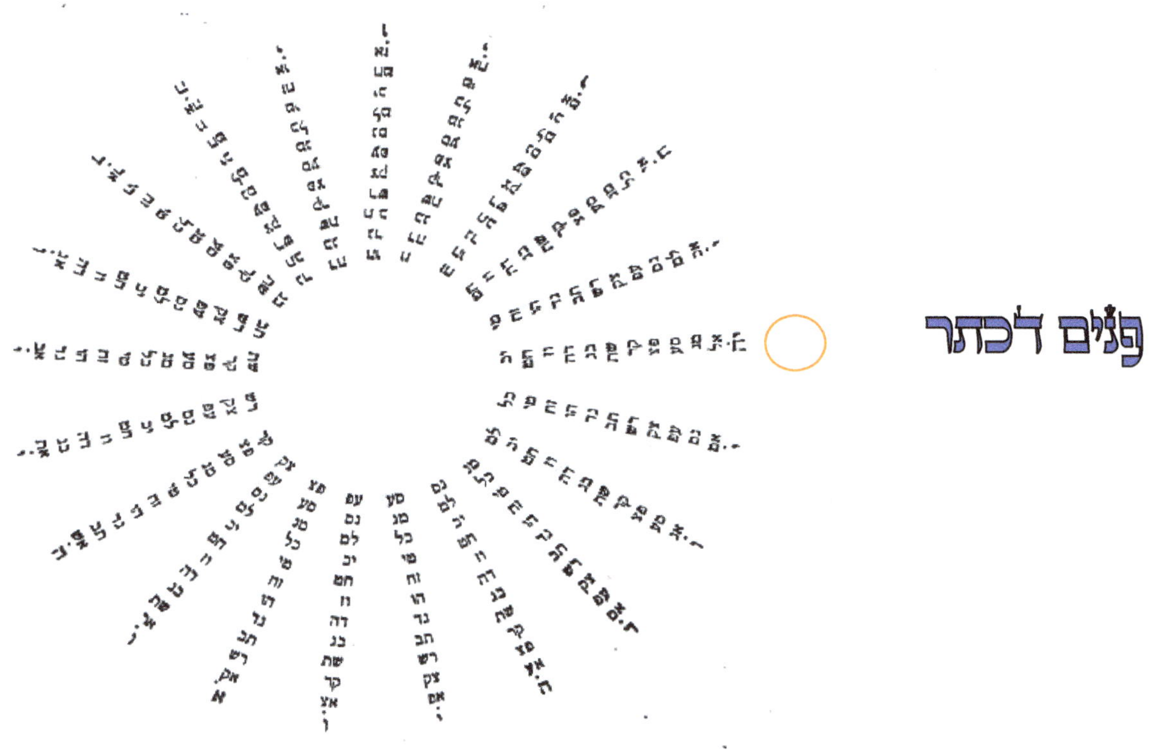

תרשים ב - ט'

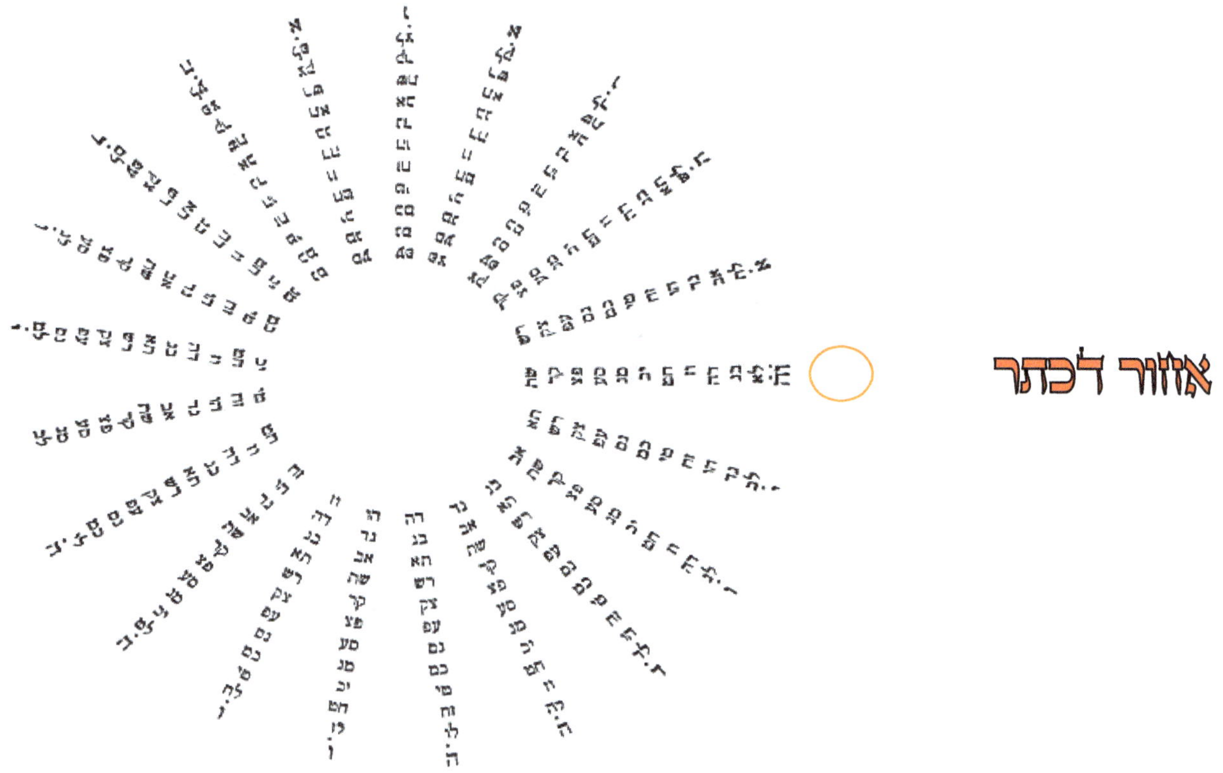

תרשים ב - י׳

ז״א

	פנים	אחור
כתר	א	ל
חכמה	ב	מ
בינה	ג	נ
דעת	ד	ס
חסד	ה	ע
גבורה	ו	פ
תפארת	ז	צ
נצח	ח	ק
הוד	ט	ר
יסוד	י	ש
מלכות	כ	ת

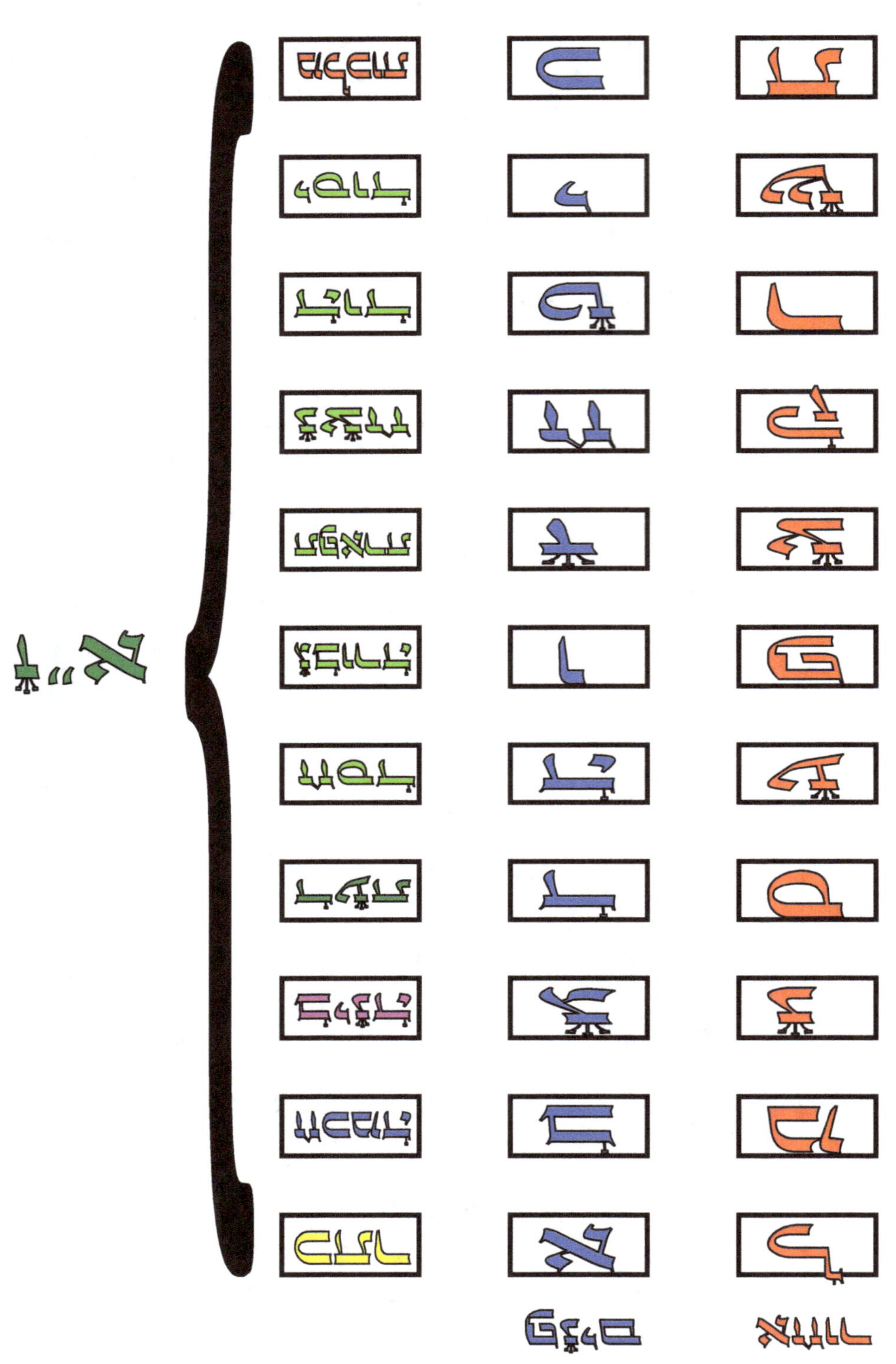

תרשים ב - י"א

ז"א

כתר
א | ל

חכמה
ב | מ

בינה
ג | נ

דעת
ד | ס

חסד
ה | ע

גבורה
ו | פ

תפארת
ז | צ

נצח
ח | ק

הוד
ט | ר

יסוד
י | ש

מלכות
כ | ת

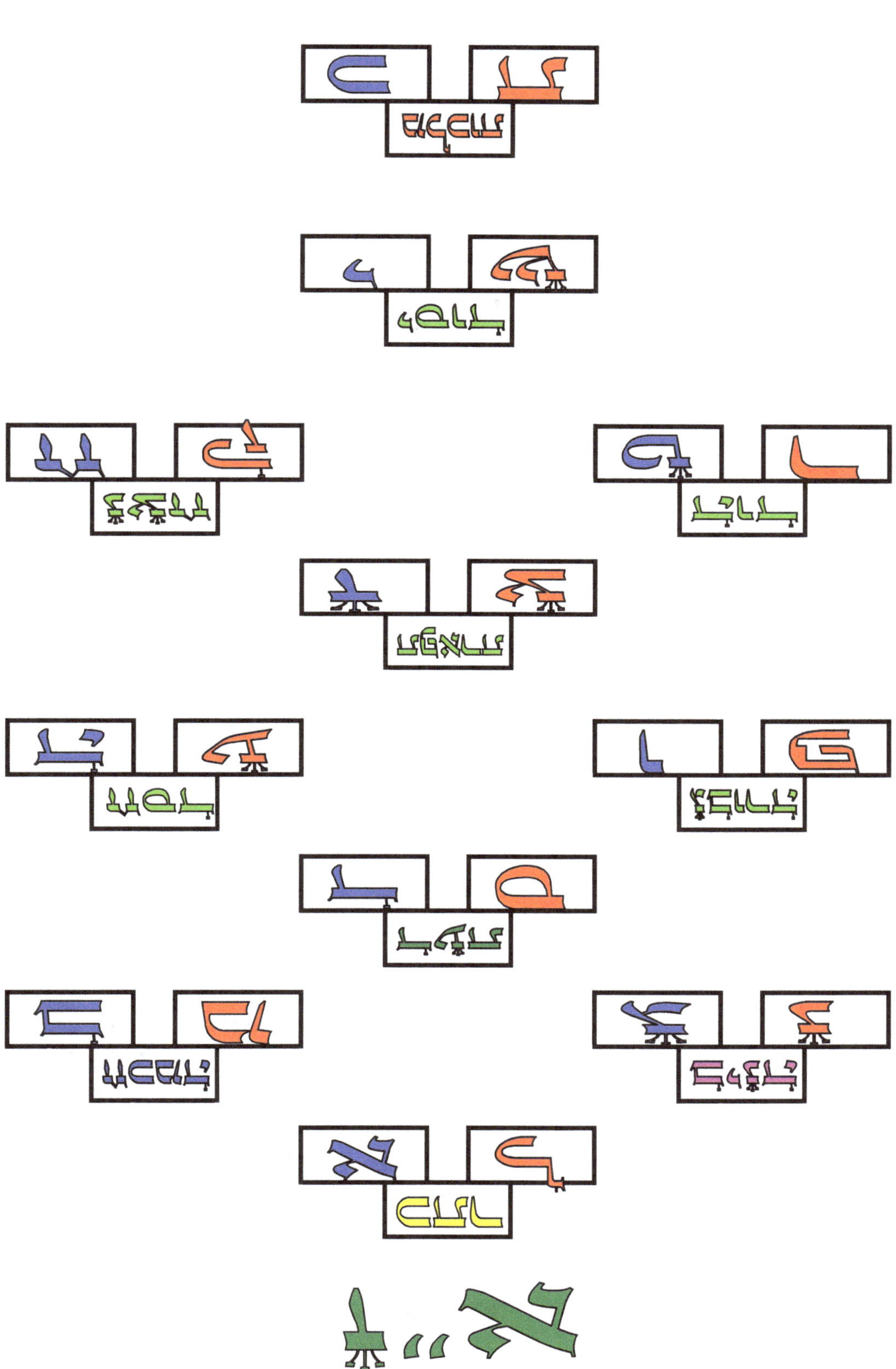

תרשים ב - י"ב

כתר

הפנים דהכתר:

	י	אב	גד	הו	זח	טי	כל	מנ	סע	פצ	קר	שת
שם ע"ב	ו	אג	דה	וז	חט	יכ	למ	נס	עפ	צק	רש	תב
	ד	אד	הו	זח	טי	כל	מנ	סע	פצ	קר	שת	בג
	ה	אה	וז	חט	יכ	למ	נס	עפ	צק	רש	תב	גד
	י	או	זח	טי	כל	מנ	סע	פצ	קר	שת	בג	דה
	ו	אז	חט	יכ	למ	נס	עפ	צק	רש	תב	גד	הו
	י	אח	טי	כל	מנ	סע	פצ	קר	שת	בג	דה	וז
	ו	אט	יכ	למ	נס	עפ	צק	רש	תב	גד	הו	זח
	ה	אי	כל	מנ	סע	פצ	קר	שת	בג	דה	וז	חט
	י	אכ	למ	נס	עפ	צק	רש	תב	גד	הו	זח	טי
	יה	אל	מנ	סע	פצ	קר	שת	בג	דה	וז	חט	יכ
	י	אמ	נס	עפ	צק	רש	תב	גד	הו	זח	טי	כל
שם ס"ג	ו	אנ	סע	פצ	קר	שת	בג	דה	וז	חט	יכ	למ
	ד	אס	עפ	צק	רש	תב	גד	הו	זח	טי	כל	מנ
	ה	אע	פצ	קר	שת	בג	דה	וז	חט	יכ	למ	נס
	י	אפ	צק	רש	תב	גד	הו	זח	טי	כל	מנ	סע
	ו	אצ	קר	שת	בג	דה	וז	חט	יכ	למ	נס	עפ
	א	אק	רש	תב	גד	הו	זח	טי	כל	מנ	סע	פצ
	ו	אר	שת	בג	דה	וז	חט	יכ	למ	נס	עפ	צק
	ה	אש	תב	גד	הו	זח	טי	כל	מנ	סע	פצ	קר
	י	את	בג	דה	וז	חט	יכ	למ	נס	עפ	צק	רש

האחור דהכתר:

	י	לם	נס	עפ	צק	רש	תא	בג	דה	וז	חט	יכ
שם מ"ה	ו	לנ	סע	פצ	קר	שת	אב	גד	הו	זח	טי	כמ
	ד	לס	עפ	צק	רש	תא	בג	דה	וז	חט	יכ	מנ
	ה	לע	פצ	קר	שת	אב	גד	הו	זח	טי	כמ	נס
	א	לפ	צק	רש	תא	בג	דה	וז	חט	יכ	מנ	סע
	ו	לצ	קר	שת	אב	גד	הו	זח	טי	כמ	נס	עפ
	א	לק	רש	תא	בג	דה	וז	חט	יכ	מנ	סע	פצ
	ו	לר	שת	אב	גד	הו	זח	טי	כמ	נס	עפ	צק
	ה	לש	תא	בג	דה	וז	חט	יכ	מנ	סע	פצ	קר
	א	לת	אב	גד	הו	זח	טי	כמ	נס	עפ	צק	רש
	וה	לא	בג	דה	וז	חט	יכ	מנ	סע	פצ	קר	שת
	י	לב	גד	הו	זח	טי	כמ	נס	עפ	צק	רש	תא
שם ב"ן	ו	לג	דה	וז	חט	יכ	מנ	סע	פצ	קר	שת	אב
	ד	לד	הו	זח	טי	כמ	נס	עפ	צק	רש	תא	בג
	ה	לה	וז	חט	יכ	מנ	סע	פצ	קר	שת	אב	גד
	ה	לו	זח	טי	כמ	נס	עפ	צק	רש	תא	בג	דה
	ו	לז	חט	יכ	מנ	סע	פצ	קר	שת	אב	גד	הו
	ו	לח	טי	כמ	נס	עפ	צק	רש	תא	בג	דה	וז
	ה	לט	יכ	מנ	סע	פצ	קר	שת	אב	גד	הו	זח
	ה	לי	כמ	נס	עפ	צק	רש	תא	בג	דה	וז	חט
		לכ	מנ	סע	פצ	קר	שת	אב	גד	הו	זח	טי

תרשים ב - י"ג

חכמה

הרל"א שערים פנים דהחכמה:

	י	בג	דה	וז	חט	יכ	למ	נס	עפ	צק	רש	תא
שם ע"ב	ו	בד	הו	זח	טי	כל	מנ	סע	פצ	קר	שת	אג
	ד	בה	וז	חט	יכ	למ	נס	עפ	צק	רש	תא	גד
	ה	בו	זח	טי	כל	מנ	סע	פצ	קר	שת	אג	דה
	י	בז	חט	יכ	למ	נס	עפ	צק	רש	תא	גד	הו
	ו	בח	טי	כל	מנ	סע	פצ	קר	שת	אג	דה	וז
	י	בט	יכ	למ	נס	עפ	צק	רש	תא	גד	הו	זח
	ו	בי	כל	מנ	סע	פצ	קר	שת	אג	דה	וז	חט
	ה	בכ	למ	נס	עפ	צק	רש	תא	גד	הו	זח	טי
	י	בל	מנ	סע	פצ	קר	שת	אג	דה	וז	חט	יכ
	יה	במ	נס	עפ	צק	רש	תא	גד	הו	זח	טי	כל
	י	בנ	סע	פצ	קר	שת	אג	דה	וז	חט	יכ	למ
שם ס"ג	ו	בס	עפ	צק	רש	תא	גד	הו	זח	טי	כל	מנ
	ד	בע	פצ	קר	שת	אג	דה	וז	חט	יכ	למ	נס
	ה	בפ	צק	רש	תא	גד	הו	זח	טי	כל	מנ	סע
	י	בצ	קר	שת	אג	דה	וז	חט	יכ	למ	נס	עפ
	ו	בק	רש	תא	גד	הו	זח	טי	כל	מנ	סע	פצ
	א	בר	שת	אג	דה	וז	חט	יכ	למ	נס	עפ	צק
	ו	בש	תא	גד	הו	זח	טי	כל	מנ	סע	פצ	קר
	ה	בת	אג	דה	וז	חט	יכ	למ	נס	עפ	צק	רש
	י	בא	גד	הו	זח	טי	כל	מנ	סע	פצ	קר	שת

הרל"א שערים אחור דהחכמה:

	י	מנ	סע	פצ	קר	שת	אב	גד	הו	זח	טי	כל
שם מ"ה	ו	מס	עפ	צק	רש	תא	בג	דה	וז	חט	יכ	לנ
	ד	מע	פצ	קר	שת	אב	גד	הו	זח	טי	כל	נס
	ה	מפ	צק	רש	תא	בג	דה	וז	חט	יכ	לנ	סע
	א	מצ	קר	שת	אב	גד	הו	זח	טי	כל	נס	עפ
	ו	מק	רש	תא	בג	דה	וז	חט	יכ	לנ	סע	פצ
	א	מר	שת	אב	גד	הו	זח	טי	כל	נס	עפ	צק
	ו	מש	תא	בג	דה	וז	חט	יכ	לנ	סע	פצ	קר
	ה	מת	אב	גד	הו	זח	טי	כל	נס	עפ	צק	רש
	א	מא	בג	דה	וז	חט	יכ	לנ	סע	פצ	קר	שת
	וה	מב	גד	הו	זח	טי	כל	נס	עפ	צק	רש	תא
	י	מג	דה	וז	חט	יכ	לנ	סע	פצ	קר	שת	אב
שם ב"ן	ו	מד	הו	זח	טי	כל	נס	עפ	צק	רש	תא	בג
	ד	מה	וז	חט	יכ	לנ	סע	פצ	קר	שת	אב	גד
	ה	מו	זח	טי	כל	נס	עפ	צק	רש	תא	בג	דה
	ה	מז	חט	יכ	לנ	סע	פצ	קר	שת	אב	גד	הו
	ו	מח	טי	כל	נס	עפ	צק	רש	תא	בג	דה	וז
	ו	מט	יכ	לנ	סע	פצ	קר	שת	אב	גד	הו	זח
	ה	מי	כל	נס	עפ	צק	רש	תא	בג	דה	וז	חט
	ה	מכ	לנ	סע	פצ	קר	שת	אב	גד	הו	זח	טי
		מל	נס	עפ	צק	רש	תא	בג	דה	וז	חט	יכ

תרשים ב - י"ד

בינה

הרל"א שערים פנים דחבינה:

ע"ב שם	י	גד	הו	זח	טי	כל	מנ	סע	פצ	קר	שת	אב
	ו	גה	וז	חט	יכ	לם	נס	עפ	צק	רש	תא	בד
	ד	גו	זח	טי	כל	מנ	סע	פצ	קר	שת	אב	דה
	ה	גז	חט	יכ	לם	נס	עפ	צק	רש	תא	בד	הו
	י	גח	טי	כל	מנ	סע	פצ	קר	שת	אב	דה	וז
	ו	גט	יכ	לם	נס	עפ	צק	רש	תא	בד	הו	זח
	י	גי	כל	מנ	סע	פצ	קר	שת	אב	דה	וז	חט
	ו	גכ	לם	נס	עפ	צק	רש	תא	בד	הו	זח	טי
	ה	גל	מנ	סע	פצ	קר	שת	אב	דה	וז	חט	יכ
	י	גם	נס	עפ	צק	רש	תא	בד	הו	זח	טי	כל
	יה	**גנ**	סע	פצ	קר	שת	אב	דה	וז	חט	יכ	לם
ס"ג שם	י	גס	עפ	צק	רש	תא	בד	הו	זח	טי	כל	מנ
	ו	גע	פצ	קר	שת	אב	דה	וז	חט	יכ	לם	נס
	ד	גפ	צק	רש	תא	בד	הו	זח	טי	כל	מנ	סע
	ה	גצ	קר	שת	אב	דה	וז	חט	יכ	לם	נס	עפ
	י	גק	רש	תא	בד	הו	זח	טי	כל	מנ	סע	פצ
	ו	גר	שת	אב	דה	וז	חט	יכ	לם	נס	עפ	צק
	א	גש	תא	בד	הו	זח	טי	כל	מנ	סע	פצ	קר
	ו	גת	אב	דה	וז	חט	יכ	לם	נס	עפ	צק	רש
	ה	גא	בד	הו	זח	טי	כל	מנ	סע	פצ	קר	שת
	י	גב	דה	וז	חט	יכ	לם	נס	עפ	צק	רש	תא

הרל"א שערים אחור דהבינה:

מ"ה שם	י	נס	עפ	צק	רש	תא	בג	דה	וז	חט	יכ	לם
	ו	נע	פצ	קר	שת	אב	גד	הו	זח	טי	כל	מס
	ד	נפ	צק	רש	תא	בג	דה	וז	חט	יכ	לם	סע
	ה	נצ	קר	שת	אב	גד	הו	זח	טי	כל	מס	עפ
	א	נק	רש	תא	בג	דה	וז	חט	יכ	לם	סע	פצ
	ו	נר	שת	אב	גד	הו	זח	טי	כל	מס	עפ	צק
	א	נש	תא	בג	דה	וז	חט	יכ	לם	סע	פצ	קר
	ו	נת	אב	גד	הו	זח	טי	כל	מס	עפ	צק	רש
	ה	נא	בג	דה	וז	חט	יכ	לם	סע	פצ	קר	שת
	א	נב	גד	הו	זח	טי	כל	מס	עפ	צק	רש	תא
	וה	**נג**	דה	וז	חט	יכ	לם	סע	פצ	קר	שת	אב
ב"ן שם	י	נד	הו	זח	טי	כל	מס	עפ	צק	רש	תא	בג
	ו	נה	וז	חט	יכ	לם	סע	פצ	קר	שת	אב	גד
	ד	נו	זח	טי	כל	מס	עפ	צק	רש	תא	בג	דה
	ה	נז	חט	יכ	לם	סע	פצ	קר	שת	אב	גד	הו
	ה	נח	טי	כל	מס	עפ	צק	רש	תא	בג	דה	וז
	ו	נט	יכ	לם	סע	פצ	קר	שת	אב	גד	הו	זח
	ו	ני	כל	מס	עפ	צק	רש	תא	בג	דה	וז	חט
	ה	נכ	לם	סע	פצ	קר	שת	אב	גד	הו	זח	טי
	ה	נל	מס	עפ	צק	רש	תא	בג	דה	וז	חט	יכ
		נמ	סע	פצ	קר	שת	אב	גד	הו	זח	טי	כל

תרשים ב - ט"ו

דעת

הרל"א שערים פנים דהדעת:

ע"ב שם	י	דה	וז	חט	יכ	לם	נס	עפ	צק	רש	תא	בג
	ו	דו	זח	טי	כל	מנ	סע	פצ	קר	שת	אב	גה
	ד	דז	חט	יכ	לם	נס	עפ	צק	רש	תא	בג	הו
	ה	דח	טי	כל	מנ	סע	פצ	קר	שת	אב	גה	וז
	י	דט	יכ	לם	נס	עפ	צק	רש	תא	בג	הו	זח
	ו	די	כל	מנ	סע	פצ	קר	שת	אב	גה	וז	חט
	י	דכ	לם	נס	עפ	צק	רש	תא	בג	הו	זח	טי
	ו	דל	מנ	סע	פצ	קר	שת	אב	גה	וז	חט	יכ
	ה	דם	נס	עפ	צק	רש	תא	בג	הו	זח	טי	כל
	י	דנ	סע	פצ	קר	שת	אב	גה	וז	חט	יכ	לם
	יה	**דס**	עפ	צק	רש	תא	בג	הו	זח	טי	כל	מנ
ס"ג שם	י	דע	פצ	קר	שת	אב	גה	וז	חט	יכ	לם	נס
	ו	דפ	צק	רש	תא	בג	הו	זח	טי	כל	מנ	סע
	ד	דצ	קר	שת	אב	גה	וז	חט	יכ	לם	נס	עפ
	ה	דק	רש	תא	בג	הו	זח	טי	כל	מנ	סע	פצ
	י	דר	שת	אב	גה	וז	חט	יכ	לם	נס	עפ	צק
	ו	דש	תא	בג	הו	זח	טי	כל	מנ	סע	פצ	קר
	א	דת	אב	גה	וז	חט	יכ	לם	נס	עפ	צק	רש
	ו	דא	בג	הו	זח	טי	כל	מנ	סע	פצ	קר	שת
	ה	דב	גה	וז	חט	יכ	לם	נס	עפ	צק	רש	תא
	י	דג	הו	זח	טי	כל	מנ	סע	פצ	קר	שת	אב

הרל"א שערים אחור דהדעת:

מ"ה שם	י	סע	פצ	קר	שת	אב	גד	הו	זח	טי	כל	מנ
	ו	ספ	צק	רש	תא	בג	דה	וז	חט	יכ	לם	נע
	ד	סצ	קר	שת	אב	גד	הו	זח	טי	כל	מנ	עפ
	ה	סק	רש	תא	בג	דה	וז	חט	יכ	לם	נע	פצ
	א	סר	שת	אב	גד	הו	זח	טי	כל	מנ	עפ	צק
	ו	סש	תא	בג	דה	וז	חט	יכ	לם	נע	פצ	קר
	א	סת	אב	גד	הו	זח	טי	כל	מנ	עפ	צק	רש
	ו	סא	בג	דה	וז	חט	יכ	לם	נע	פצ	קר	שת
	ה	סב	גד	הו	זח	טי	כל	מנ	עפ	צק	רש	תא
	א	סג	דה	וז	חט	יכ	לם	נע	פצ	קר	שת	אב
	וה	**סד**	הו	זח	טי	כל	מנ	עפ	צק	רש	תא	בג
ב"ן שם	י	סה	וז	חט	יכ	לם	נע	פצ	קר	שת	אב	גד
	ו	סו	זח	טי	כל	מנ	עפ	צק	רש	תא	בג	דה
	ד	סז	חט	יכ	לם	נע	פצ	קר	שת	אב	גד	הו
	ה	סח	טי	כל	מנ	עפ	צק	רש	תא	בג	דה	וז
	ה	סט	יכ	לם	נע	פצ	קר	שת	אב	גד	הו	זח
	ו	סי	כל	מנ	עפ	צק	רש	תא	בג	דה	וז	חט
	ו	סכ	לם	נע	פצ	קר	שת	אב	גד	הו	זח	טי
	ה	סל	מנ	עפ	צק	רש	תא	בג	דה	וז	חט	יכ
	ה	סם	נע	פצ	קר	שת	אב	גד	הו	זח	טי	כל
		סנ	עפ	צק	רש	תא	בג	דה	וז	חט	יכ	לם

תרשימים שער ג' פרק ב'

תרשים ב - ט"ז

חסד

הרל"א שערים פנים דהחסד:

שם ע"ב	י	הו	וח	טי	כל	מנ	סע	פצ	קר	שת	אב	גד
	ו	הז	חט	יכ	למ	נס	עפ	צק	רש	תא	בג	דו
	ד	הח	טי	כל	מנ	סע	פצ	קר	שת	אב	גד	וז
	ה	הט	יכ	למ	נס	עפ	צק	רש	תא	בג	דו	זח
	י	הי	כל	מנ	סע	פצ	קר	שת	אב	גד	וז	חט
	ו	הכ	למ	נס	עפ	צק	רש	תא	בג	דו	זח	טי
	י	הל	מנ	סע	פצ	קר	שת	אב	גד	וז	חט	יכ
	ו	המ	נס	עפ	צק	רש	תא	בג	דו	זח	טי	כל
	ה	הנ	סע	פצ	קר	שת	אב	גד	וז	חט	יכ	למ
	י	הס	עפ	צק	רש	תא	בג	דו	זח	טי	כל	מנ
	יה	הע	פצ	קר	שת	אב	גד	וז	חט	יכ	למ	נס
שם ס"ג	י	הפ	צק	רש	תא	בג	דו	זח	טי	כל	מנ	סע
	ו	הצ	קר	שת	אב	גד	וז	חט	יכ	למ	נס	עפ
	ד	הק	רש	תא	בג	דו	זח	טי	כל	מנ	סע	פצ
	ה	הר	שת	אב	גד	וז	חט	יכ	למ	נס	עפ	צק
	י	הש	תא	בג	דו	זח	טי	כל	מנ	סע	פצ	קר
	ו	הת	אב	גד	וז	חט	יכ	למ	נס	עפ	צק	רש
	א	הא	בג	דו	זח	טי	כל	מנ	סע	פצ	קר	שת
	ו	הב	גד	וז	חט	יכ	למ	נס	עפ	צק	רש	תא
	ה	הג	דו	זח	טי	כל	מנ	סע	פצ	קר	שת	אב
	י	הד	וז	חט	יכ	למ	נס	עפ	צק	רש	תא	בג

הרל"א שערים אחור דהחסד:

שם מ"ה	י	עפ	צק	רש	תא	בג	דה	וז	חט	יכ	למ	נס
	ו	עצ	קר	שת	אב	גד	הו	זח	טי	כל	מנ	ספ
	ד	עק	רש	תא	בג	דה	וז	חט	יכ	למ	נס	פצ
	ה	ער	שת	אב	גד	הו	זח	טי	כל	מנ	ספ	צק
	א	עש	תא	בג	דה	וז	חט	יכ	למ	נס	פצ	קר
	ו	עת	אב	גד	הו	זח	טי	כל	מנ	ספ	צק	רש
	א	עא	בג	דה	וז	חט	יכ	למ	נס	פצ	קר	שת
	ו	עב	גד	הו	זח	טי	כל	מנ	ספ	צק	רש	תא
	ה	עג	דה	וז	חט	יכ	למ	נס	פצ	קר	שת	אב
	א	עד	הו	זח	טי	כל	מנ	ספ	צק	רש	תא	בג
	וה	עה	וז	חט	יכ	למ	נס	פצ	קר	שת	אב	גד
שם ב"ן	י	עו	זח	טי	כל	מנ	ספ	צק	רש	תא	בג	דה
	ו	עז	חט	יכ	למ	נס	פצ	קר	שת	אב	גד	הו
	ד	עח	טי	כל	מנ	ספ	צק	רש	תא	בג	דה	וז
	ה	עט	יכ	למ	נס	פצ	קר	שת	אב	גד	הו	זח
	ה	עי	כל	מנ	ספ	צק	רש	תא	בג	דה	וז	חט
	ו	עכ	למ	נס	פצ	קר	שת	אב	גד	הו	זח	טי
	ו	על	מנ	ספ	צק	רש	תא	בג	דה	וז	חט	יכ
	ה	עמ	נס	פצ	קר	שת	אב	גד	הו	זח	טי	כל
	ה	ענ	ספ	צק	רש	תא	בג	דה	וז	חט	יכ	למ
		עס	פצ	קר	שת	אב	גד	הו	זח	טי	כל	מנ

תרשים ב - י"ז

גבורה

הרל"א שערים פנים דהגבורה:

שם ע"ב	י	וז	חט	יכ	למ	נס	עפ	צק	רש	תא	בג	דה
	ו	וח	טי	כל	מנ	סע	פצ	קר	שת	אב	גד	הז
	ד	וט	יכ	למ	נס	עפ	צק	רש	תא	בג	דה	זח
	ה	וי	כל	מנ	סע	פצ	קר	שת	אב	גד	הז	חט
	י	וכ	למ	נס	עפ	צק	רש	תא	בג	דה	זח	טי
	ו	ול	מנ	סע	פצ	קר	שת	אב	גד	הז	חט	יכ
	י	ומ	נס	עפ	צק	רש	תא	בג	דה	זח	טי	כל
	ו	ונ	סע	פצ	קר	שת	אב	גד	הז	חט	יכ	למ
	ה	וס	עפ	צק	רש	תא	בג	דה	זח	טי	כל	מנ
	י	וע	פצ	קר	שת	אב	גד	הז	חט	יכ	למ	נס
	יה	ופ	צק	רש	תא	בג	דה	זח	טי	כל	מנ	סע
שם ס"ג	י	וצ	קר	שת	אב	גד	הז	חט	יכ	למ	נס	עפ
	ו	וק	רש	תא	בג	דה	זח	טי	כל	מנ	סע	פצ
	ד	ור	שת	אב	גד	הז	חט	יכ	למ	נס	עפ	צק
	ה	וש	תא	בג	דה	זח	טי	כל	מנ	סע	פצ	קר
	י	ות	אב	גד	הז	חט	יכ	למ	נס	עפ	צק	רש
	ו	וא	בג	דה	זח	טי	כל	מנ	סע	פצ	קר	שת
	א	וב	גד	הז	חט	יכ	למ	נס	עפ	צק	רש	תא
	ו	וג	דה	זח	טי	כל	מנ	סע	פצ	קר	שת	אב
	ה	וד	הז	חט	יכ	למ	נס	עפ	צק	רש	תא	בג
	י	וה	זח	טי	כל	מנ	סע	פצ	קר	שת	אב	גד

הרל"א שערים אחור דהגבורה:

שם מ"ה	י	פצ	קר	שת	אב	גד	הו	זח	טי	כל	מנ	סע
	ו	פק	רש	תא	בג	דה	וז	חט	יכ	למ	נס	עצ
	ד	פר	שת	אב	גד	הו	זח	טי	כל	מנ	סע	צק
	ה	פש	תא	בג	דה	וז	חט	יכ	למ	נס	עצ	קר
	א	פת	אב	גד	הו	זח	טי	כל	מנ	סע	צק	רש
	ו	פא	בג	דה	וז	חט	יכ	למ	נס	עצ	קר	שת
	א	פב	גד	הו	זח	טי	כל	מנ	סע	צק	רש	תא
	ו	פג	דה	וז	חט	יכ	למ	נס	עצ	קר	שת	אב
	ה	פד	הו	זח	טי	כל	מנ	סע	צק	רש	תא	בג
	א	פה	וז	חט	יכ	למ	נס	עצ	קר	שת	אב	גד
	וה	פו	זח	טי	כל	מנ	סע	צק	רש	תא	בג	דה
שם ב"ן	י	פז	חט	יכ	למ	נס	עצ	קר	שת	אב	גד	הו
	ו	פח	טי	כל	מנ	סע	צק	רש	תא	בג	דה	וז
	ד	פט	יכ	למ	נס	עצ	קר	שת	אב	גד	הו	זח
	ה	פי	כל	מנ	סע	צק	רש	תא	בג	דה	וז	חט
	ה	פכ	למ	נס	עצ	קר	שת	אב	גד	הו	זח	טי
	ו	פל	מנ	סע	צק	רש	תא	בג	דה	וז	חט	יכ
	ו	פמ	נס	עצ	קר	שת	אב	גד	הו	זח	טי	כל
	ה	פנ	סע	צק	רש	תא	בג	דה	וז	חט	יכ	למ
	ה	פס	עצ	קר	שת	אב	גד	הו	זח	טי	כל	מנ
		פע	צק	רש	תא	בג	דה	וז	חט	יכ	למ	נס

תרשימים שער ג' פרק ב'

תרשים ב - י"ח

תפארת

הרל"א שערים פנים דתפארת:

י	וח	טי	כל	מנ	סע	פצ	קר	שת	אב	גד	הו	
ו	זט	יכ	לם	נס	עפ	צק	רש	תא	בג	דה	וח	
ד	זי	כל	מנ	סע	פצ	קר	שת	אב	גד	הו	חט	
ה	זכ	לם	נס	עפ	צק	רש	תא	בג	דה	וח	טי	
י	זל	מנ	סע	פצ	קר	שת	אב	גד	הו	חט	יכ	
ו	זמ	נס	עפ	צק	רש	תא	בנ	דה	וח	טי	כל	
י	זנ	סע	פצ	קר	שת	אב	גד	הו	חט	יכ	לם	
ו	זס	עפ	צק	רש	תא	בג	דה	וח	טי	כל	מנ	
ה	זע	פצ	קר	שת	אב	גד	הו	חט	יכ	לם	נס	
י	זפ	צק	רש	תא	בג	דה	וח	טי	כל	מנ	סע	
יה	זצ	קר	שת	אב	גד	הו	חט	יכ	לם	נס	עפ	
י	זק	רש	תא	בג	דה	וח	טי	כל	מנ	סע	פצ	
ו	זר	שת	אב	גד	הו	חט	יכ	לם	נס	עפ	צק	
ד	זש	תא	בג	דה	וח	טי	כל	מנ	סע	פצ	קר	
ה	זת	אב	גד	הו	חט	יכ	לם	נס	עפ	צק	רש	
י	זא	בג	דה	וח	טי	כל	מנ	סע	פצ	קר	שת	
ו	זב	גד	הו	חט	יכ	לם	נס	עפ	צק	רש	תא	
א	זג	דה	וח	טי	כל	מנ	סע	פצ	קר	שת	אב	
ו	זד	הו	חט	יכ	לם	נס	עפ	צק	רש	תא	בג	
ה	זה	וח	טי	כל	מנ	סע	פצ	קר	שת	אב	גד	
י	זו	חט	יכ	לם	נס	עפ	צק	רש	תא	בג	דה	

הרל"א שערים אחור דתפארת:

י	צק	רש	תא	בג	דה	וז	חט	יכ	לם	נס	עפ	
ו	צר	שת	אב	גד	הו	זח	טי	כל	מנ	סע	פק	
ד	צש	תא	בג	דה	וז	חט	יכ	לם	נס	עפ	קר	
ה	צת	אב	גד	הו	זח	טי	כל	מנ	סע	פק	רש	
א	צא	בג	דה	וז	חט	יכ	לם	נס	עפ	קר	שת	
ו	צב	גד	הו	זח	טי	כל	מנ	סע	פק	רש	תא	
א	צג	דה	וז	חט	יכ	לם	נס	עפ	קר	שת	אב	
ו	צד	הו	זח	טי	כל	מנ	סע	פק	רש	תא	בג	
ה	צה	וז	חט	יכ	לם	נס	עפ	קר	שת	אב	גד	
א	צו	זח	טי	כל	מנ	סע	פק	רש	תא	בג	דה	
וה	צז	חט	יכ	לם	נס	עפ	קר	שת	אב	גד	הו	
י	צח	טי	כל	מנ	סע	פק	רש	תא	בג	דה	וז	
ו	צט	יכ	לם	נס	עפ	קר	שת	אב	גד	הו	זח	
ד	צי	כל	מנ	סע	פק	רש	תא	בג	דה	וז	חט	
ה	צכ	לם	נס	עפ	קר	שת	אב	גד	הו	זח	טי	
ה	צל	מנ	סע	פק	רש	תא	בג	דה	וז	חט	יכ	
ו	צמ	נס	עפ	קר	שת	אב	גד	הו	זח	טי	כל	
ו	צנ	סע	פק	רש	תא	בג	דה	וז	חט	יכ	לם	
ה	צס	עפ	קר	שת	אב	גד	הו	זח	טי	כל	מנ	
ה	צע	פק	רש	תא	בג	דה	וז	חט	יכ	לם	נס	
	צפ	קר	שת	אב	גד	הו	זח	טי	כל	מנ	סע	

תרשים ב - י"ט

נצח

הרל"א שערים פנים דהנצח:

י	חט	יכ	לם	נס	עפ	צק	רש	תא	בג	דה	וז	
ו	חי	כל	מנ	סע	פצ	קר	שת	אב	גד	הו	זט	
ד	חכ	לם	נס	עפ	צק	רש	תא	בג	דה	וז	טי	
ה	חל	מנ	סע	פצ	קר	שת	אב	גד	הו	זט	יכ	
י	חמ	נס	עפ	צק	רש	תא	בג	דה	וז	טי	כל	
ו	חנ	סע	פצ	קר	שת	אב	גד	הו	זט	יכ	לם	
י	חס	עפ	צק	רש	תא	בג	דה	וז	טי	כל	מנ	
ו	חע	פצ	קר	שת	אב	גד	הו	זט	יכ	לם	נס	
ה	חפ	צק	רש	תא	בג	דה	וז	טי	כל	מנ	סע	
י	חצ	קר	שת	אב	גד	הו	זט	יכ	לם	נס	עפ	
יה	חק	רש	תא	בג	דה	וז	טי	כל	מנ	סע	פצ	
י	חר	שת	אב	גד	הו	זט	יכ	לם	נס	עפ	צק	
ו	חש	תא	בג	דה	וז	טי	כל	מנ	סע	פצ	קר	
ד	חת	אב	גד	הו	זט	יכ	לם	נס	עפ	צק	רש	
ה	חא	בג	דה	וז	טי	כל	מנ	סע	פצ	קר	שת	
י	חב	גד	הו	זט	יכ	לם	נס	עפ	צק	רש	תא	
ו	חג	דה	וז	טי	כל	מנ	סע	פצ	קר	שת	אב	
א	חד	הו	זט	יכ	לם	נס	עפ	צק	רש	תא	בג	
ו	חה	וז	טי	כל	מנ	סע	פצ	קר	שת	אב	גד	
ה	חו	זט	יכ	לם	נס	עפ	צק	רש	תא	בג	דה	
י	חז	טי	כל	מנ	סע	פצ	קר	שת	אב	גד	הו	

הרל"א שערים אחור דהנצח:

י	קר	שת	אב	גד	הו	זח	טי	כל	מנ	סע	פצ	
ו	קש	תא	בג	דה	וז	חט	יכ	לם	נס	עפ	צר	
ד	קת	אב	גד	הו	זח	טי	כל	מנ	סע	פצ	רש	
ה	קא	בג	דה	וז	חט	יכ	לם	נס	עפ	צר	שת	
א	קב	גד	הו	זח	טי	כל	מנ	סע	פצ	רש	תא	
ו	קג	דה	וז	חט	יכ	לם	נס	עפ	צר	שת	אב	
א	קד	הו	זח	טי	כל	מנ	סע	פצ	רש	תא	בג	
ו	קה	וז	חט	יכ	לם	נס	עפ	צר	שת	אב	גד	
ה	קו	זח	טי	כל	מנ	סע	פצ	רש	תא	בג	דה	
א	קז	חט	יכ	לם	נס	עפ	צר	שת	אב	גד	הו	
וה	קח	טי	כל	מנ	סע	פצ	רש	תא	בג	דה	וז	
י	קט	יכ	לם	נס	עפ	צר	שת	אב	גד	הו	זח	
ו	קי	כל	מנ	סע	פצ	רש	תא	בג	דה	וז	חט	
ד	קכ	לם	נס	עפ	צר	שת	אב	גד	הו	זח	טי	
ה	קל	מנ	סע	פצ	רש	תא	בג	דה	וז	חט	יכ	
ה	קמ	נס	עפ	צר	שת	אב	גד	הו	זח	טי	כל	
ו	קנ	סע	פצ	רש	תא	בג	דה	וז	חט	יכ	לם	
ו	קס	עפ	צר	שת	אב	גד	הו	זח	טי	כל	מנ	
ה	קע	פצ	רש	תא	בג	דה	וז	חט	יכ	לם	נס	
ה	קפ	צר	שת	אב	גד	הו	זח	טי	כל	מנ	סע	
	קצ	רש	תא	בג	דה	וז	חט	יכ	לם	נס	עפ	

תרשים ב - כ

הוד

הרל"א שערים פנים דההוד:

י	טי	כל	מנ	סע	פצ	קר	שת	אב	גד	הו	זח
ו	טכ	לם	נם	עפ	צק	רש	תא	בג	דה	וז	חי
ד	טל	מנ	סע	פצ	קר	שת	אב	גד	הו	זח	יכ
ה	טם	נם	עפ	צק	רש	תא	בג	דה	וז	חי	כל
י	טנ	סע	פצ	קר	שת	אב	גד	הו	זח	יכ	לם
ו	טם	עפ	צק	רש	תא	בג	דה	וז	חי	כל	מנ
י	טע	פצ	קר	שת	אב	גד	הו	זח	יכ	לם	נם
ו	טפ	צק	רש	תא	בג	דה	וז	חי	כל	מנ	סע
ה	טצ	קר	שת	אב	גד	הו	זח	יכ	לם	נם	עפ
י	טק	רש	תא	בג	דה	וז	חי	כל	מנ	סע	פצ
יה	טר	שת	אב	גד	הו	זח	יכ	לם	נם	עפ	צק
י	טש	תא	בג	דה	וז	חי	כל	מנ	סע	פצ	קר
ו	טת	אב	גד	הו	זח	יכ	לם	נם	עפ	צק	רש
ד	טא	בג	דה	וז	חי	כל	מנ	סע	פצ	קר	שת
ה	טב	גד	הו	זח	יכ	לם	נם	עפ	צק	רש	תא
י	טג	דה	וז	חי	כל	מנ	סע	פצ	קר	שת	אב
ו	טד	הו	זח	יכ	לם	נם	עפ	צק	רש	תא	בג
א	טה	וז	חי	כל	מנ	סע	פצ	קר	שת	אב	גד
ו	טו	זח	יכ	לם	נם	עפ	צק	רש	תא	בג	דה
ה	טז	חי	כל	מנ	סע	פצ	קר	שת	אב	גד	הו
י	טח	יכ	לם	נם	עפ	צק	רש	תא	בג	דה	וז

הרל"א שערים אחור דההוד:

י	רש	תא	בג	דה	וז	חט	יכ	לם	נם	עפ	צק
ו	רת	אב	גד	הו	זח	טי	כל	מנ	סע	פצ	קש
ד	רא	בג	דה	וז	חט	יכ	לם	נם	עפ	צק	שת
ה	רב	גד	הו	זח	טי	כל	מנ	סע	פצ	קש	תא
א	רג	דה	וז	חט	יכ	לם	נם	עפ	צק	שת	אב
ו	רד	הו	זח	טי	כל	מנ	סע	פצ	קש	תא	בג
א	רה	וז	חט	יכ	לם	נם	עפ	צק	שת	אב	גד
ו	רו	זח	טי	כל	מנ	סע	פצ	קש	תא	בג	דה
ה	רז	חט	יכ	לם	נם	עפ	צק	שת	אב	גד	הו
א	רח	טי	כל	מנ	סע	פצ	קש	תא	בג	דה	וז
וה	רט	יכ	לם	נם	עפ	צק	שת	אב	גד	הו	זח
י	רי	כל	מנ	סע	פצ	קש	תא	בג	דה	וז	חט
ו	רכ	לם	נם	עפ	צק	שת	אב	גד	הו	זח	טי
ד	רל	מנ	סע	פצ	קש	תא	בג	דה	וז	חט	יכ
ה	רם	נם	עפ	צק	שת	אב	גד	הו	זח	טי	כל
ה	רנ	סע	פצ	קש	תא	בג	דה	וז	חט	יכ	לם
ו	רם	עפ	צק	שת	אב	גד	הו	זח	טי	כל	מנ
ו	רע	פצ	קש	תא	בג	דה	וז	חט	יכ	לם	נם
ה	רפ	צק	שת	אב	גד	הו	זח	טי	כל	מנ	סע
ה	רצ	קש	תא	בג	דה	וז	חט	יכ	לם	נם	עפ
	רק	שת	אב	גד	הו	זח	טי	כל	מנ	סע	פצ

תרשים ב - כ"א

יסוד

הרל"א שערים פנים דהיסוד:

י	יכ	לם	נם	עפ	צק	רש	תא	בג	דה	וז	חט
ו	יל	מנ	סע	פצ	קר	שת	אב	גד	הו	זח	טכ
ד	ים	נם	עפ	צק	רש	תא	בג	דה	וז	חט	כל
ה	ינ	סע	פצ	קר	שת	אב	גד	הו	זח	טכ	לם
י	ים	עפ	צק	רש	תא	בג	דה	וז	חט	כל	מנ
ו	יע	פצ	קר	שת	אב	גד	הו	זח	טכ	לם	נם
י	יפ	צק	רש	תא	בג	דה	וז	חט	כל	מנ	סע
ו	יצ	קר	שת	אב	גד	הו	זח	טכ	לם	נם	עפ
ה	יק	רש	תא	בג	דה	וז	חט	כל	מנ	סע	פצ
י	יר	שת	אב	גד	הו	זח	טכ	לם	נם	עפ	צק
יה	יש	תא	בג	דה	וז	חט	כל	מנ	סע	פצ	קר
י	ית	אב	גד	הו	זח	טכ	לם	נם	עפ	צק	רש
ו	יא	בג	דה	וז	חט	כל	מנ	סע	פצ	קר	שת
ד	יב	גד	הו	זח	טכ	לם	נם	עפ	צק	רש	תא
ה	יג	דה	וז	חט	כל	מנ	סע	פצ	קר	שת	אב
י	יד	הו	זח	טכ	לם	נם	עפ	צק	רש	תא	בג
ו	יה	וז	חט	כל	מנ	סע	פצ	קר	שת	אב	גד
א	יו	זח	טכ	לם	נם	עפ	צק	רש	תא	בג	דה
ו	יז	חט	כל	מנ	סע	פצ	קר	שת	אב	גד	הו
ה	יח	טכ	לם	נם	עפ	צק	רש	תא	בג	דה	וז
י	יט	כל	מנ	סע	פצ	קר	שת	אב	גד	הו	זח

הרל"א שערים אחור דהיסוד:

י	שת	אב	גד	הו	זח	טי	כל	מנ	סע	פצ	קר
ו	שא	בג	דה	וז	חט	יכ	לם	נם	עפ	צק	רת
ד	שב	גד	הו	זח	טי	כל	מנ	סע	פצ	קר	תא
ה	שג	דה	וז	חט	יכ	לם	נם	עפ	צק	רת	אב
א	שד	הו	זח	טי	כל	מנ	סע	פצ	קר	תא	בג
ו	שה	וז	חט	יכ	לם	נם	עפ	צק	רת	אב	גד
א	שו	זח	טי	כל	מנ	סע	פצ	קר	תא	בג	דה
ו	שז	חט	יכ	לם	נם	עפ	צק	רת	אב	גד	הו
ה	שח	טי	כל	מנ	סע	פצ	קר	תא	בג	דה	וז
א	שט	יכ	לם	נם	עפ	צק	רת	אב	גד	הו	זח
וה	שי	כל	מנ	סע	פצ	קר	תא	בג	דה	וז	חט
י	שכ	לם	נם	עפ	צק	רת	אב	גד	הו	זח	טי
ו	של	מנ	סע	פצ	קר	תא	בג	דה	וז	חט	יכ
ד	שם	נם	עפ	צק	רת	אב	גד	הו	זח	טי	כל
ה	שנ	סע	פצ	קר	תא	בג	דה	וז	חט	יכ	לם
ה	שם	עפ	צק	רת	אב	גד	הו	זח	טי	כל	מנ
ו	שע	פצ	קר	תא	בג	דה	וז	חט	יכ	לם	נם
ו	שפ	צק	רת	אב	גד	הו	זח	טי	כל	מנ	סע
ה	שצ	קר	תא	בג	דה	וז	חט	יכ	לם	נם	עפ
ה	שק	רת	אב	גד	הו	זח	טי	כל	מנ	סע	פצ
	שר	תא	בג	דה	וז	חט	יכ	לם	נם	עפ	צק

תרשים ב - כ"ב

מלכות

הרל"א שערים פנים דהמלכות:

י כל מנ סע פצ קר שת אב גד הו זח טי
ו כמ נס עפ צק רש תא בג דה וז חט יל
ד כנ סע פצ קר שת אב גד הו זח טי למ
ה כס עפ צק רש תא בג דה וז חט יל מנ
י כע פצ קר שת אב גד הו זח טי למ נס
ו כפ צק רש תא בג דה וז חט יל מנ סע
י כצ קר שת אב גד הו זח טי למ נס עפ
ו כק רש תא בג דה וז חט יל מנ סע פצ
ה כר שת אב גד הו זח טי למ נס עפ צק
י כש תא בג דה וז חט יל מנ סע פצ קר
יה **כת** אב גד הו זח טי למ נס עפ צק רש
י כא בג דה וז חט יל מנ סע פצ קר שת
ו כב גד הו זח טי למ נס עפ צק רש תא
ד כג דה וז חט יל מנ סע פצ קר שת אב
ה כד הו זח טי למ נס עפ צק רש תא בג
י כה וז חט יל מנ סע פצ קר שת אב גד
ו כו זח טי למ נס עפ צק רש תא בג דה
א כז חט יל מנ סע פצ קר שת אב גד הו
ו כח טי למ נס עפ צק רש תא בג דה וז
ה כט יל מנ סע פצ קר שת אב גד הו זח
י כי למ נס עפ צק רש תא בג דה וז חט

הרל"א שערים אחור דהמלכות:

י תא בג דה וז חט יכ למ נס עפ צק רש
ו תב גד הו זח טי כל מנ סע פצ קר שא
ד תג דה וז חט יכ למ נס עפ צק רש אב
ה תד הו זח טי כל מנ סע פצ קר שא בג
א תה וז חט יכ למ נס עפ צק רש אב גד
ו תו זח טי כל מנ סע פצ קר שא בג דה
א תז חט יכ למ נס עפ צק רש אב גד הו
ו תח טי כל מנ סע פצ קר שא בג דה וז
ה תט יכ למ נס עפ צק רש אב גד הו זח
א תי כל מנ סע פצ קר שא בג דה וז חט
וה **תכ** למ נס עפ צק רש אב גד הו זח טי
י תל מנ סע פצ קר שא בג דה וז חט יכ
ו תמ נס עפ צק רש אב גד הו זח טי כל
ד תנ סע פצ קר שא בג דה וז חט יכ למ
ה תס עפ צק רש אב גד הו זח טי כל מנ
ה תע פצ קר שא בג דה וז חט יכ למ נס
ו תפ צק רש אב גד הו זח טי כל מנ סע
ו תצ קר שא בג דה וז חט יכ למ נס עפ
ה תק רש אב גד הו זח טי כל מנ סע פצ
ה תר שא בג דה וז חט יכ למ נס עפ צק
תש אב גד הו זח טי כל מנ סע פצ קר

תרשים ב - כ"ג

	פנים	אחור
כתר	אל	לא
חכמה	במ	מב
בינה	גנ	נג
דעת	דס	סד
חסד	הע	עה
גבורה	ופ	פו
תפארת	זצ	צז
נצח	חק	קח
הוד	טר	רט
יסוד	יש	שי
מלכות	כת	תכ

תרשימים שער ג' פרק ב'

תרשים ב - כ"ד

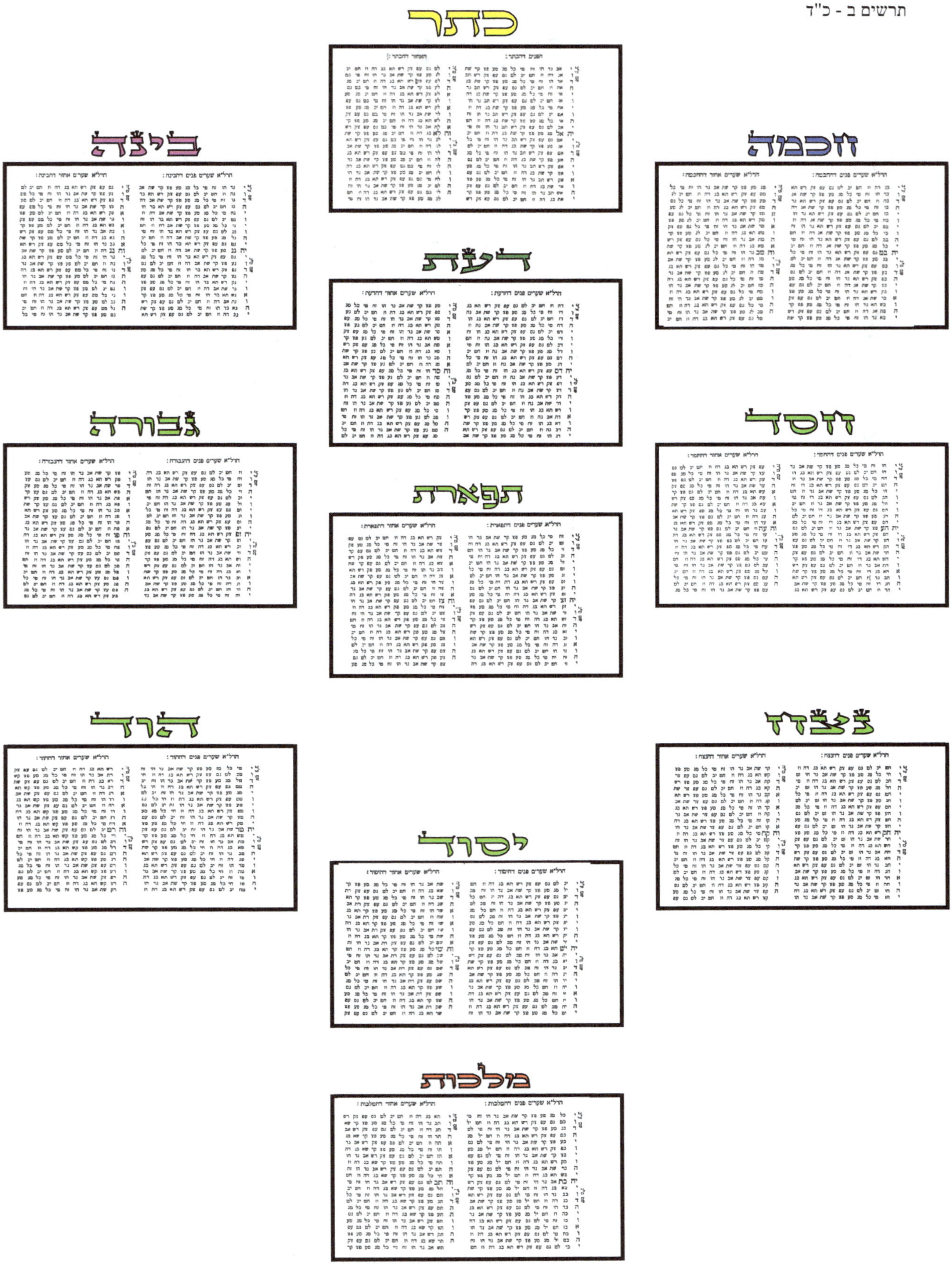

תרשים ב - כ"ה

פרצוף הימים

ימי השבוע

ז	ו	ה	ד	ג	ב	א
מלכות	יסוד	הוד	נצח	ת"ת	גבורה	חסד

ימי החודש

אבא
ב ג ד ה ו ז ח

אימא
ט י יא יב יג יד טו

ז"א
טז יז יח יט כ כא כב

נוקבא
כג כד כה כו כז כח כט

א"א
א - פנימיות חג"ת נה"ם
ל - חיצוניות חג"ת נה"ם

חורף
תשרי - חסד
חשון - גבורה
כסליו - תפארת
טבת - נצח
שבט - הוד
אדר - יסוד
דז"א
מ"ה דמ"ה ומ"ה דב"ן

קיץ
ניסן - חסד
אייר - גבורה
סיון - תפארת
תמוז - נצח
אב - הוד
אלול - יסוד
דנוקבא
ב"ן דמ"ה וב"ן דב"ן

השנה
א - חכמה
ב - בינה
ג - דעת
ד- חסד
ה - גבורה
ו - תפארת
ז - נצח
ח - הוד
ט - יסוד
י - מלכות

העשור
חכמה
י - בינה
כ - דעת
ל- חסד
מ - גבורה
נ- תפארת
ס - נצח
ע - הוד
פ - יסוד
צ - מלכות

המאה
חכמה
ק - בינה
ר - דעת
ש- חסד
ת - גבורה
תק- תפארת
תר- נצח
תש - הוד
תת - יסוד
תתק - מלכות

האלף
א - חסד
ב - גבורה
ג - תפארת
ד - נצח
ה - הוד
ו - יסוד

תרשימים שער ג' פרק ב'

תרשים ב - כ"ו

אלה תולדות השמים והארץ ב ה בראם

תרשים ב - כ"ז

בינה → בראשית ברא

ז"א → את השמים ואת

מלכות → ויקרא אל משה

תרשים ב - כ"ח

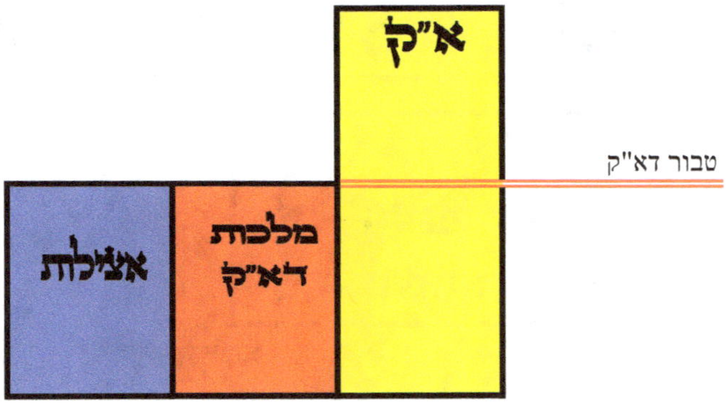

תרשים ב - כ"ט

נקודים:

דעת	בלע בן בעור
חסד	יובב בן זרח מבצרה
גבורה	חושם מארץ התימני
תפארת	הדד בן בדד
נה"ה	שמלה ממשרקה
יסוד	שאול מרחובות הנהר
מלכות	בעל חנן בן עכבור

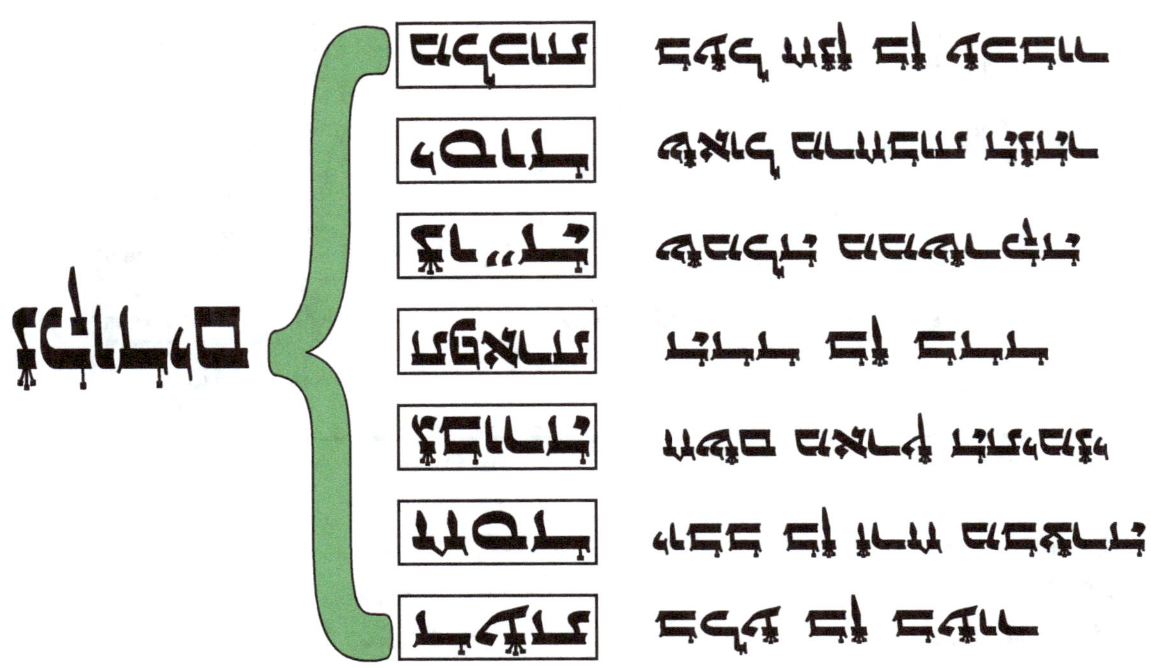

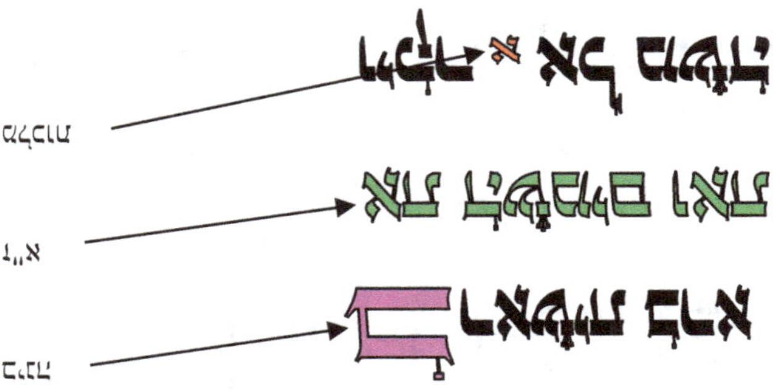

תרשימים שער ג׳ פרק ב׳

תרשים ב - ל

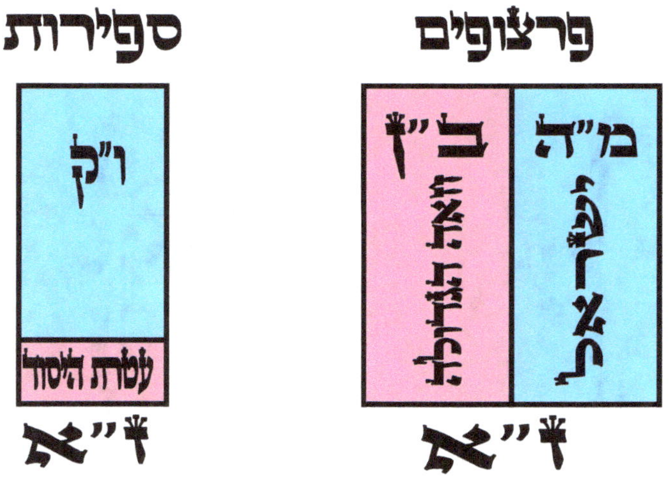

תרשים ב - ל"א

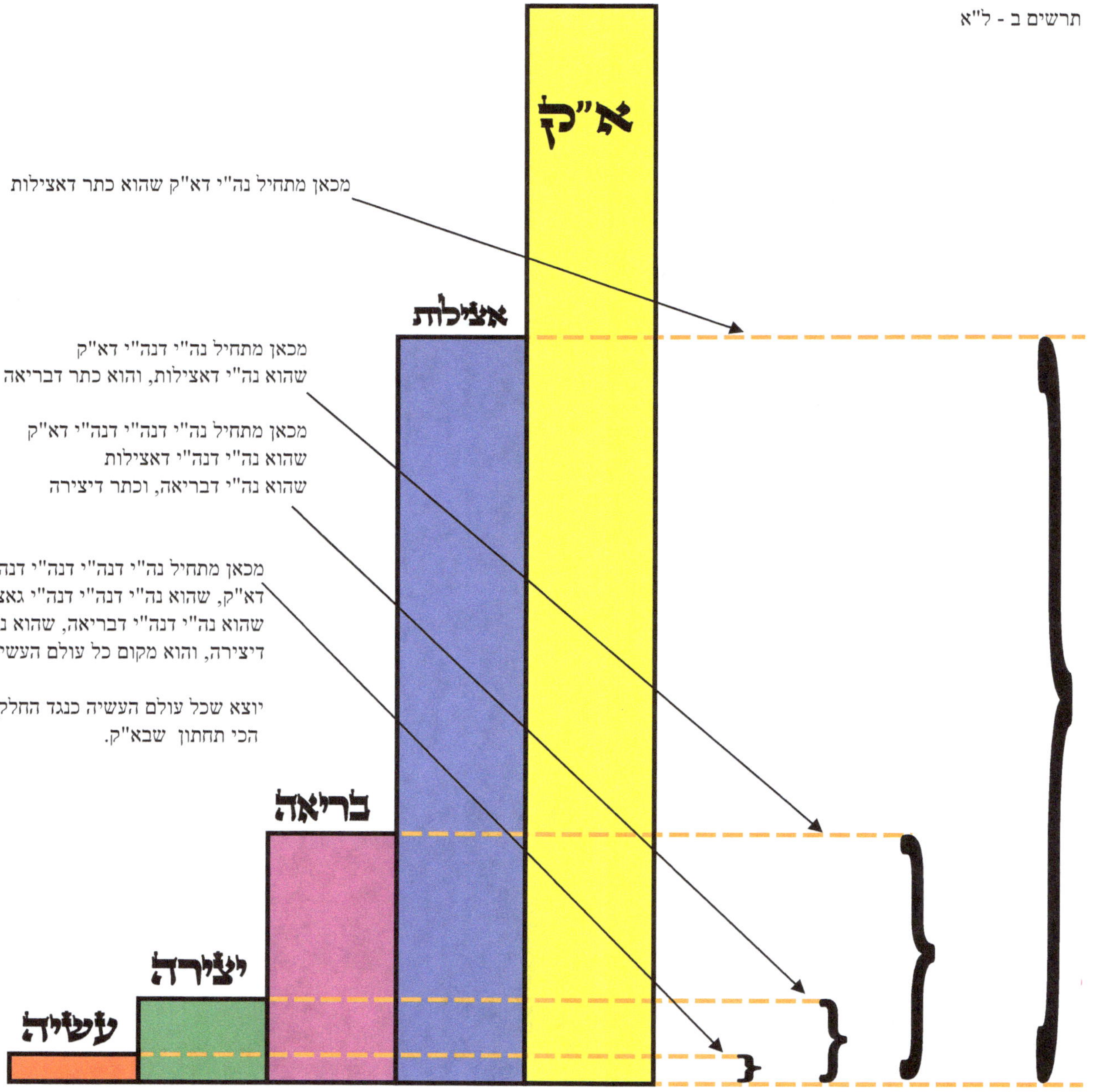

תרשימים שער ג׳ פרק ב׳

תרשים ב - ל"ב

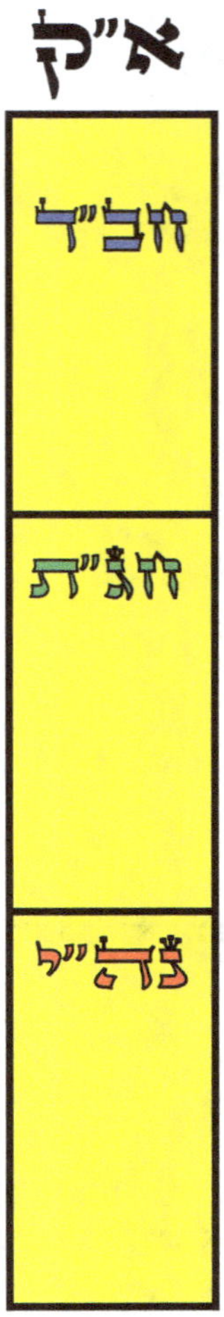

תרשים ב - ל"ג

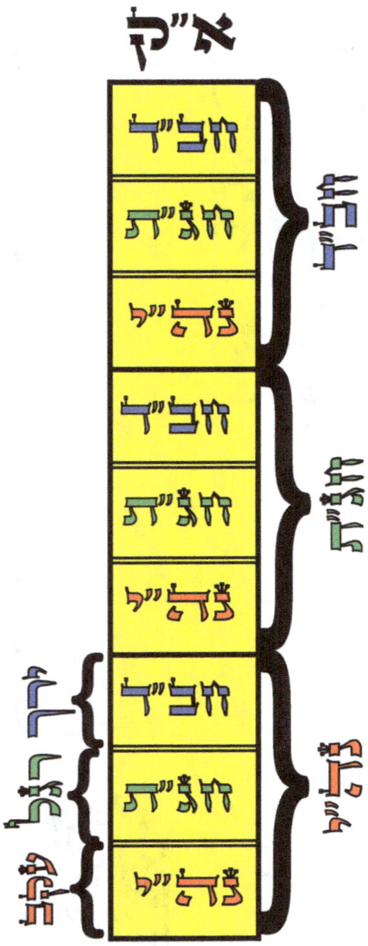

תרשים ב - ל"ד

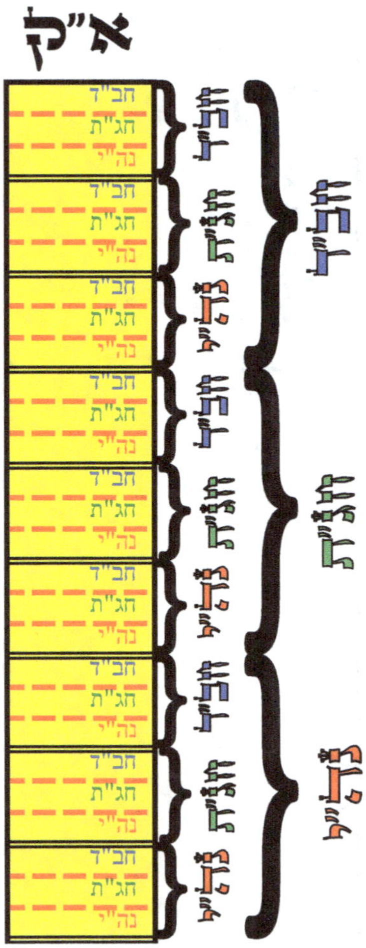

תרשים ב - ל"ה

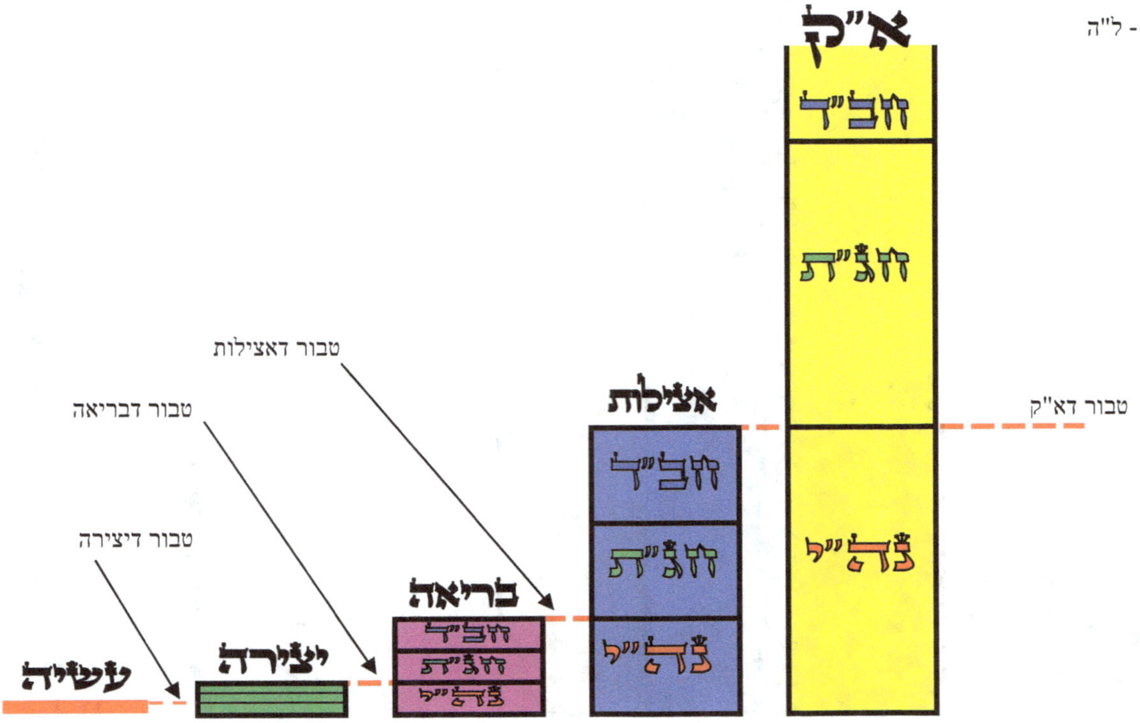

תרשימים שער ג׳ פרק ב׳

תרשים ב - ל"ו

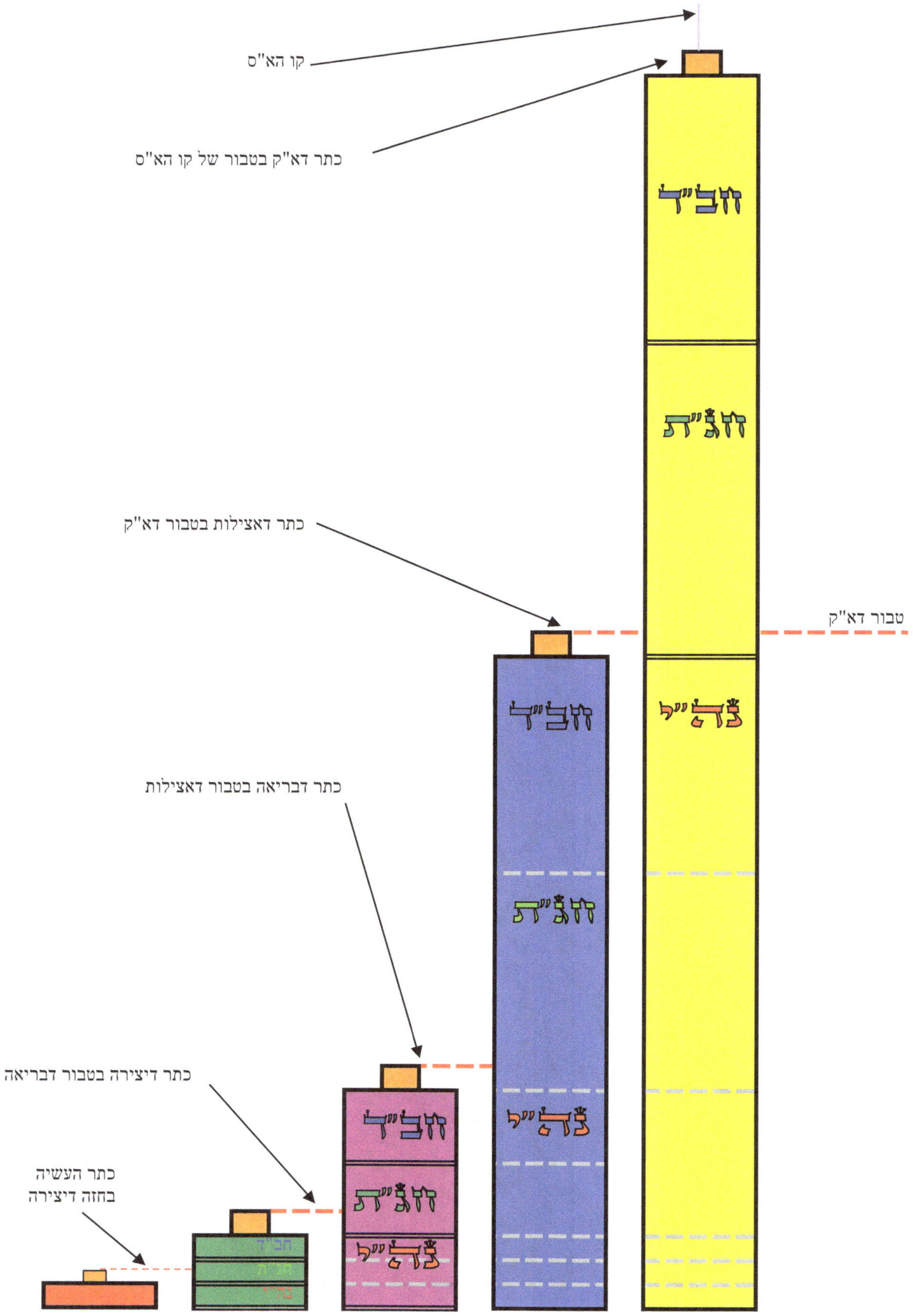

תרשימים שער ג׳ פרק ב׳

תרשים ב - ל״ז

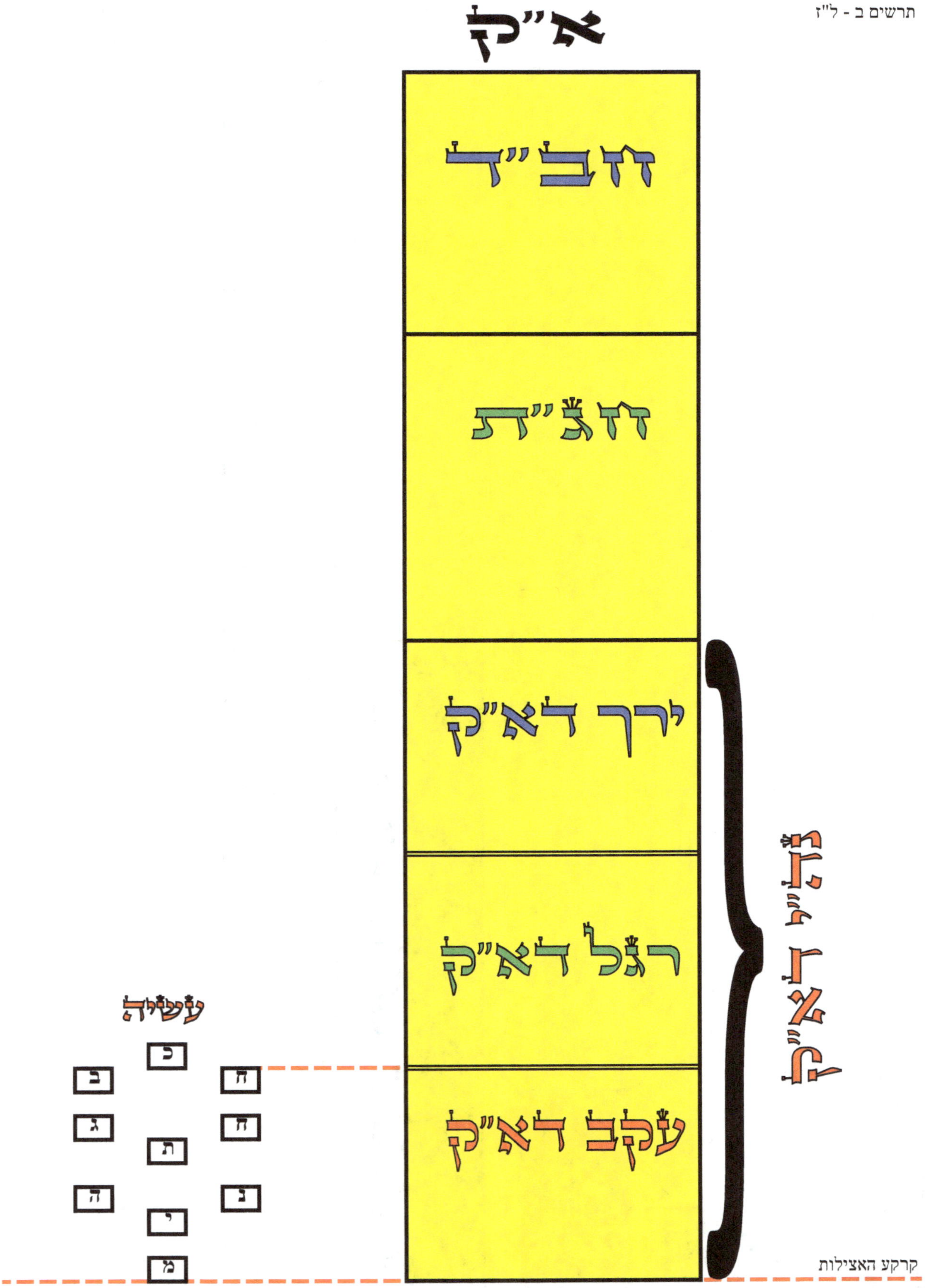

תרשימים שער ג' פרק ב'

תרשים ב - ל"ח

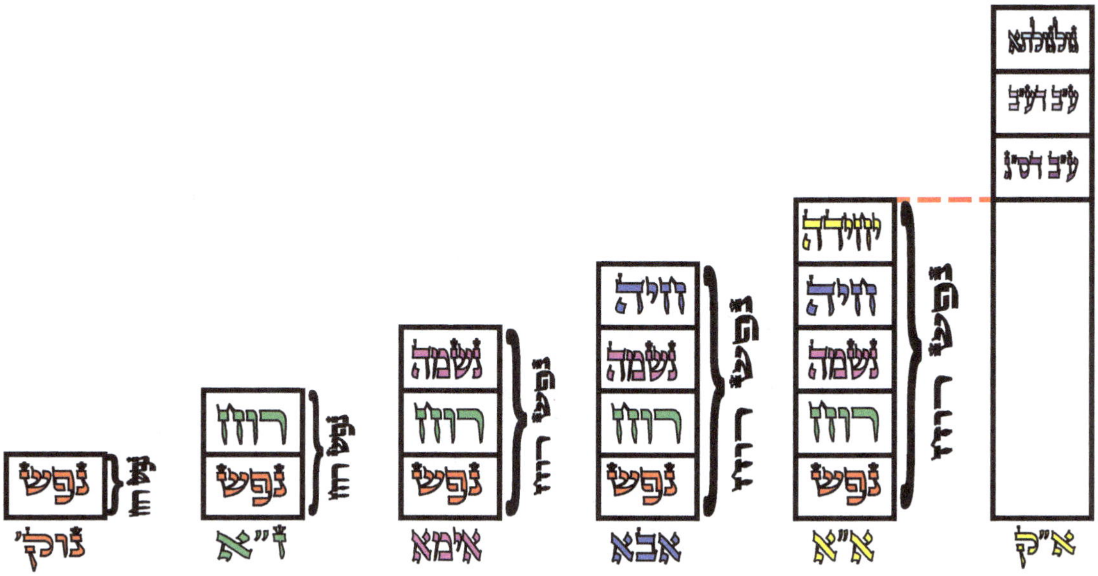

תרשים ב - ל"ט

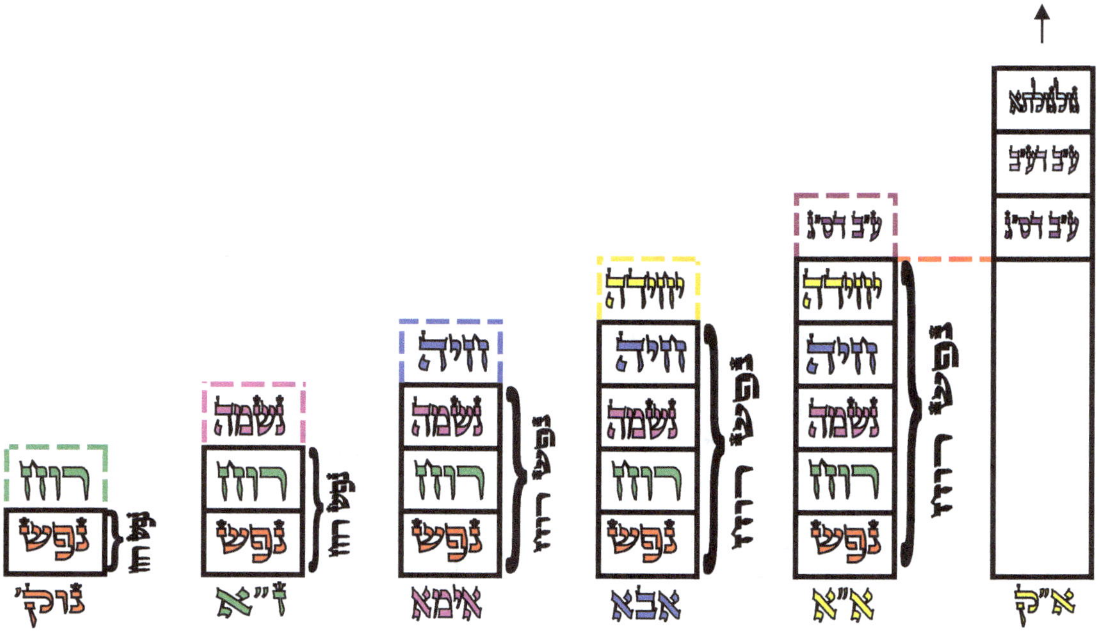

תרשימים שער ג' פרק ב'

תרשים ב - מ

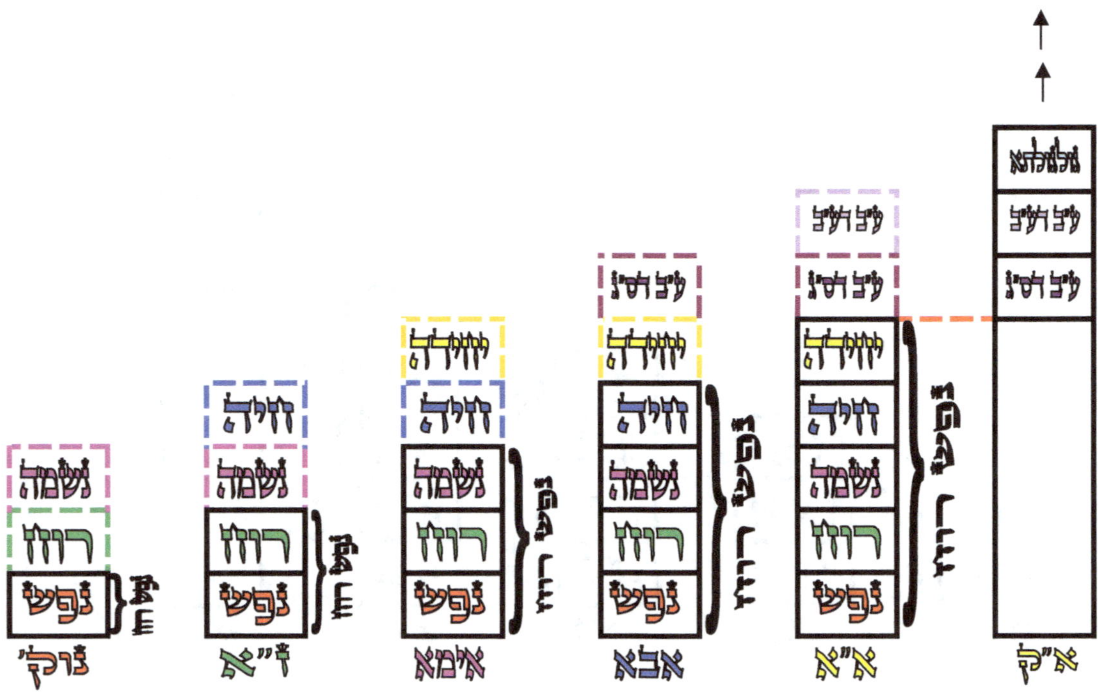

תרשים ב - מ"א

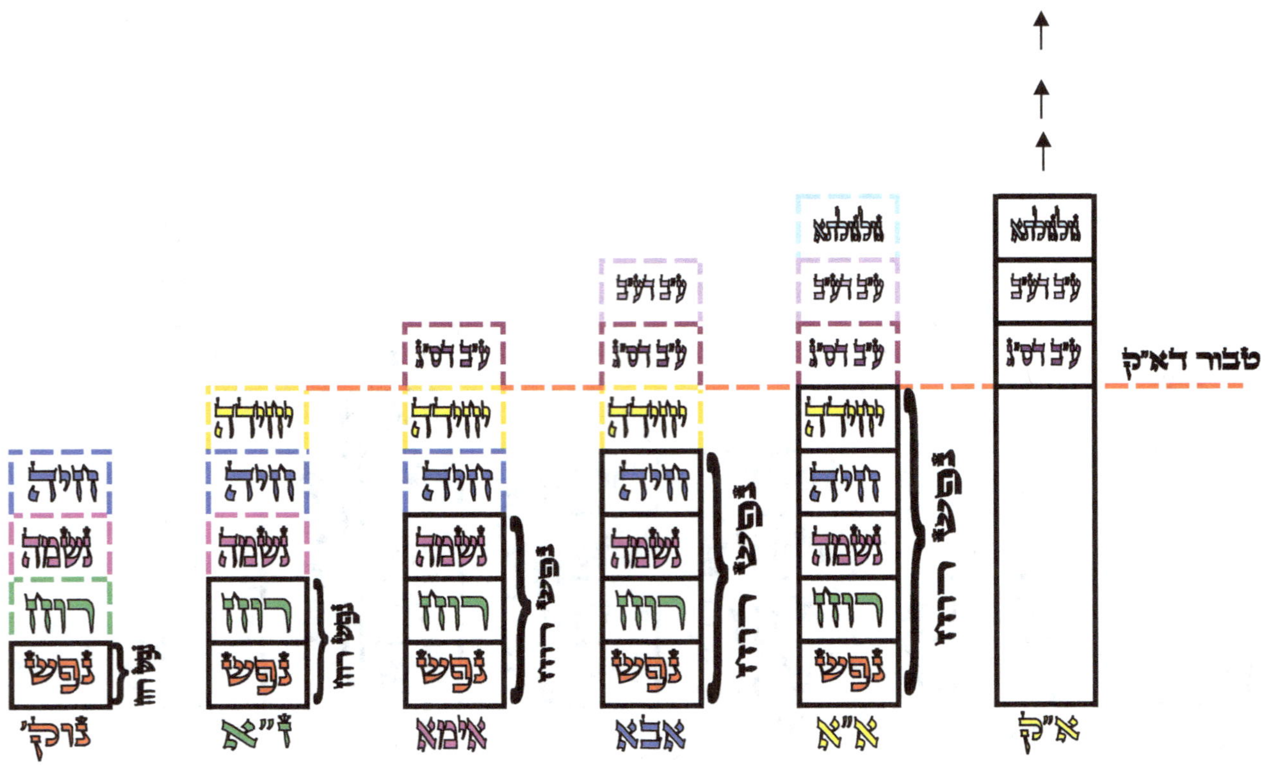

תרשימים שער ג' פרק ב'

תרשים ב - מ"ב

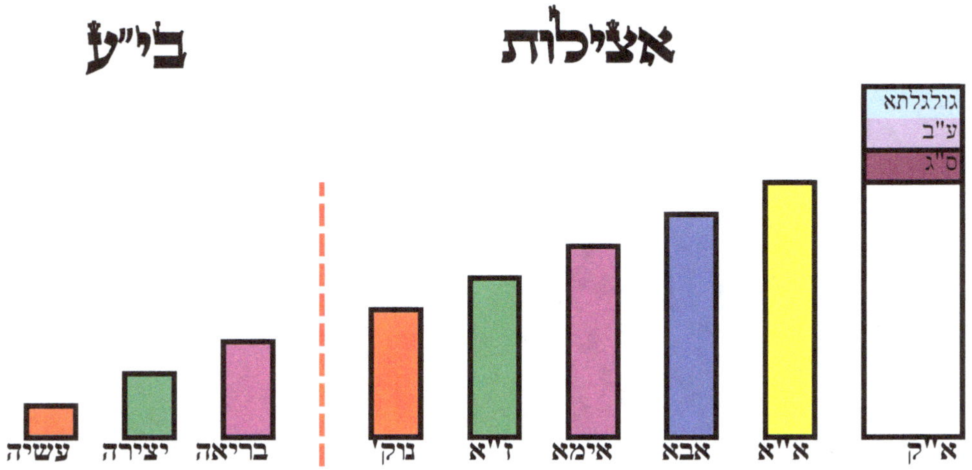

תרשים ב - מ"ג

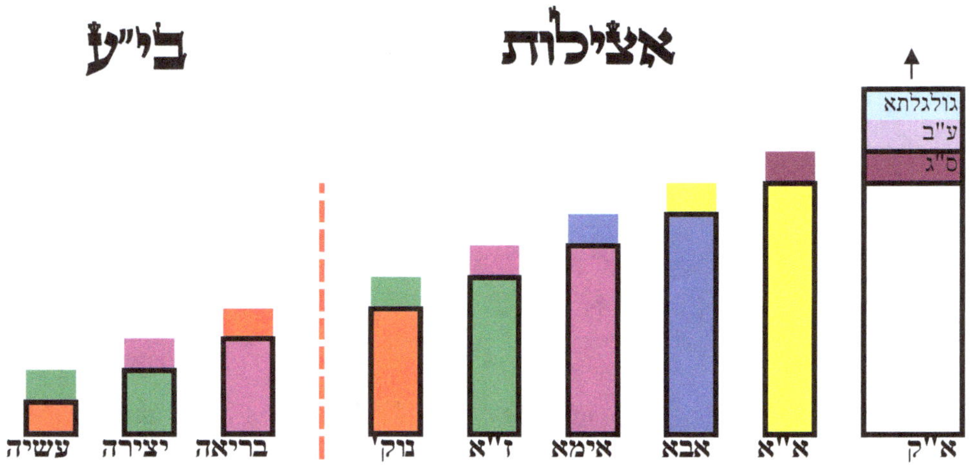

תרשים ב - מ"ד

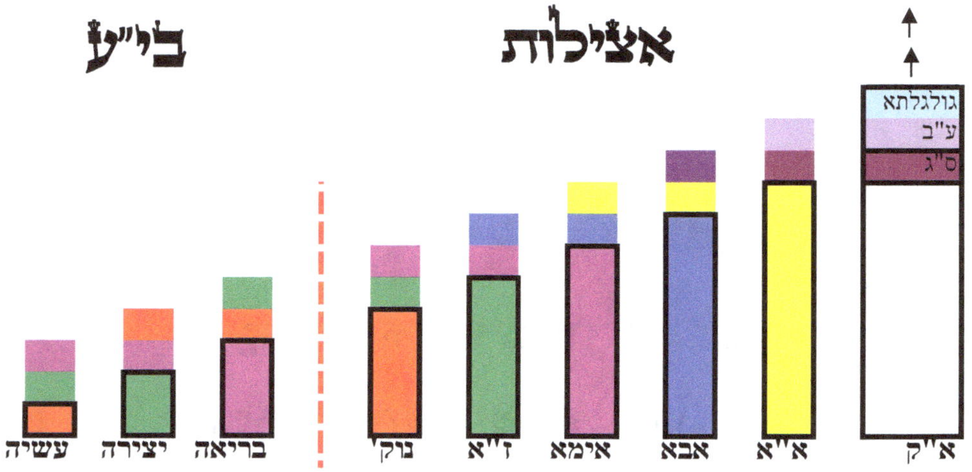

תרשימים שער ג׳ פרק ב׳

תרשים ב - מ"ה

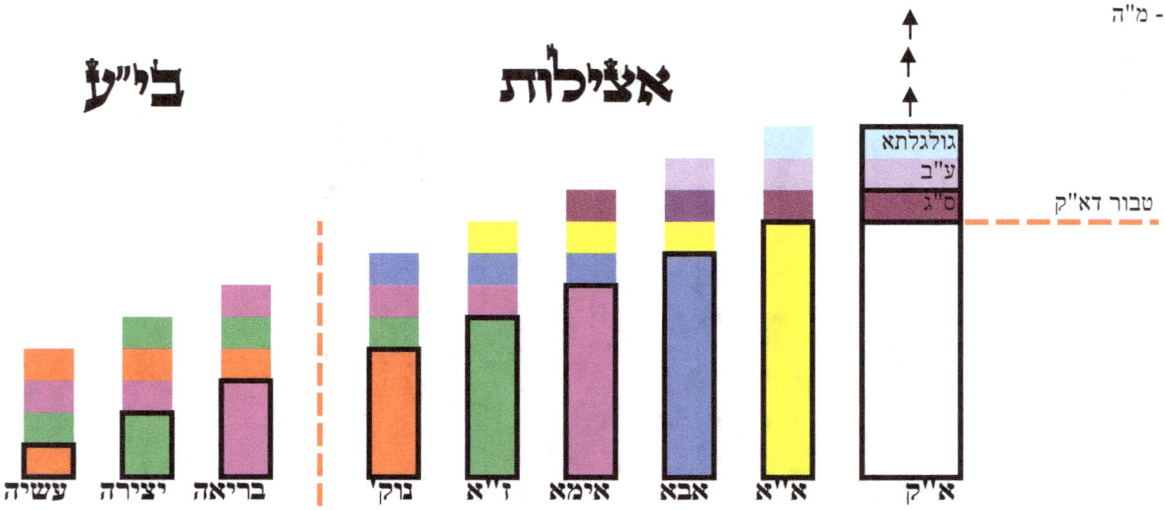

תרשים ב - מ"ו

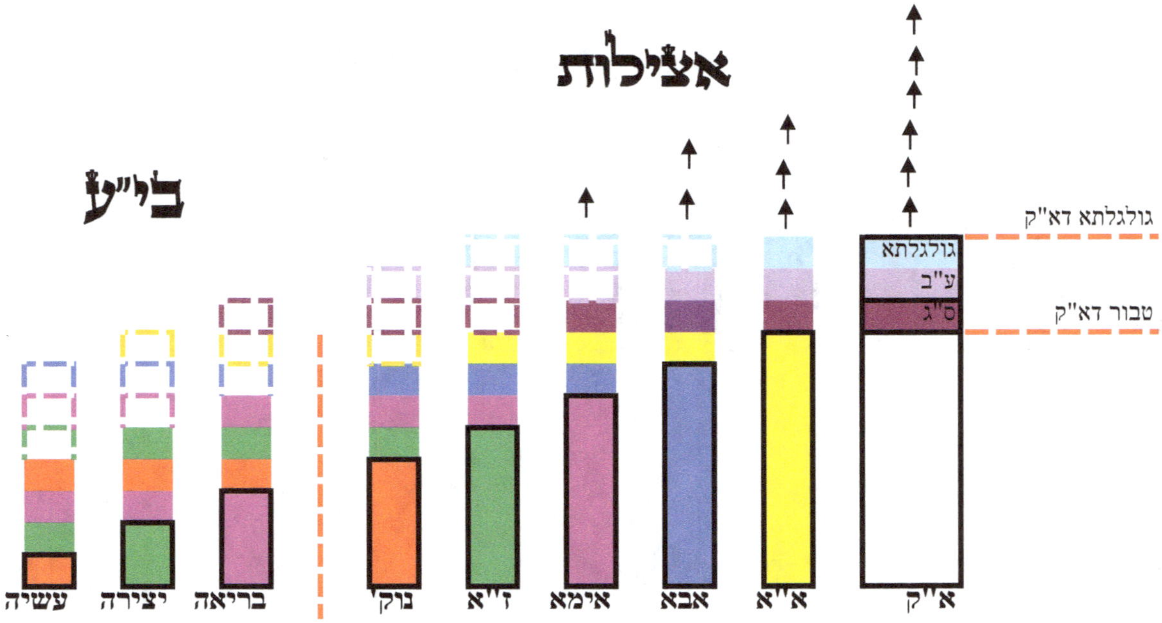

תרשים ב - מ"ז

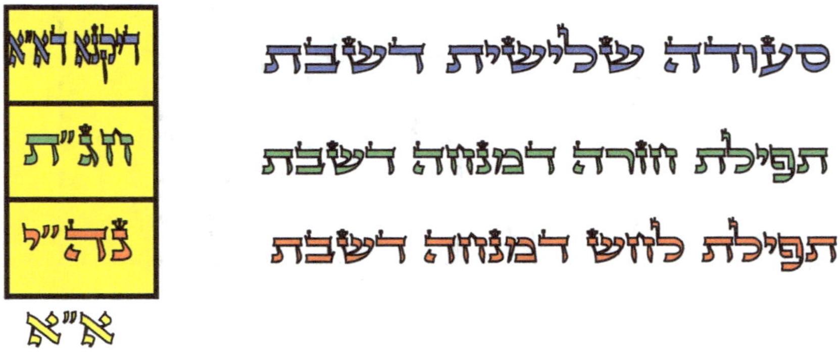

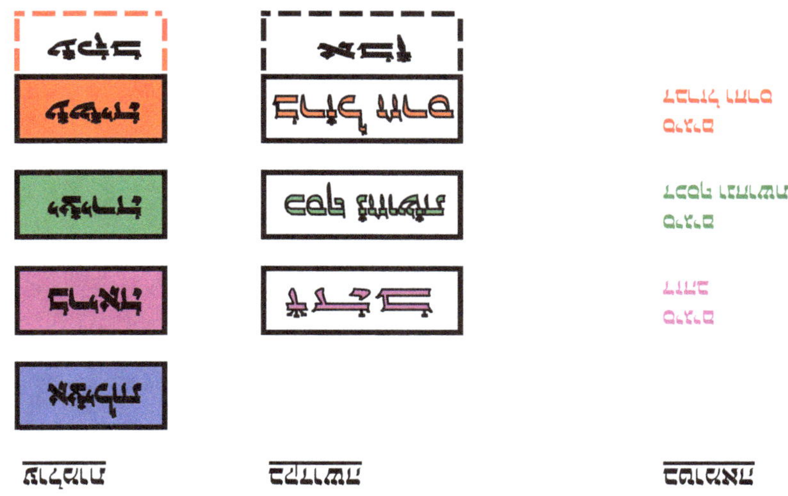

תרשימים שער ג' פרק ב'

תרשים ב - מ"ח

עולמות	בקדושה	בטומאה
אצילות		
בריאה	זהב	סיגים דזהב
יצירה	כסף נחושת	סיגים דכסף ונחושת
עשיה	ברזל וחרס	סיגים דברזל וחרס
עקב	אבן	

תרשים ב - מ"ט

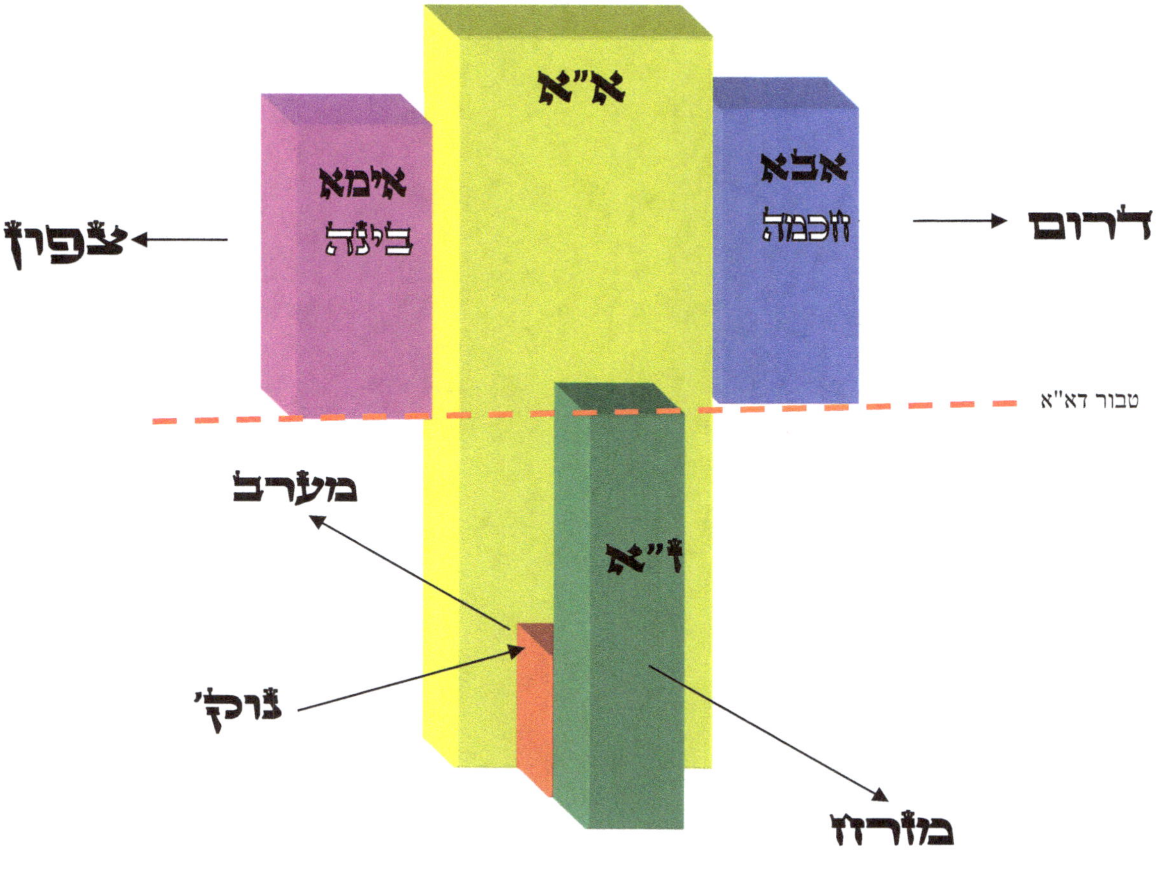

תרשימים שער ג׳ פרק ב׳